Rosario Ferré nació en Ponce, Puerto Rico en 1938. Se graduó en el Manhattanville College en 1960, con una concentración en literatura inglesa. En 1976 obtuvo el grado de maestría en literatura española e hispanoamericana por la Universidad de Puerto Rico. En 1987 se doctoró en esa misma especialidad en la Universidad de Maryland. Ferré es colaboradora de los diarios *San Juan Star* y *El Nuevo Día*, y es miembro de la junta de directores del Museo de Arte de Ponce. Ha impartido cátedra en las universidades de Rutgers, de John's Hopkins y de Puerto Rico. Ha escrito numerosos libros, entre los que destacan en novela: *Maldito amor* (Premio Liberatur Prix en la Feria del Libro de Frankfurt de 1992), *La casa de la laguna* y *Vecindarios excéntricos*; en ensayo: *Sitio a Eros, El coloquio de las perras* y *El árbol y sus sombras*; en poesía: *Fábulas de la garza desangrada* y *Las dos Venecias*.

A la sombra
de tu nombre

A la sombra de tu nombre

Rosario Ferré

ALFAGUARA

A LA SOMBRA DE TU NOMBRE
D. R. © Rosario Ferré, 2000

ALFAGUARA M.R.

De esta edición:
    D. R. © Aguilar, Altea, Taurus, Alfaguara, S. A. de C. V., 2001
    Av. Universidad 767, Col. del Valle
    México, 03100, D.F. Teléfono 5688 8966
    www.alfaguara.com.mx

- Distribuidora y Editora Aguilar, Altea, Taurus, Alfaguara, S. A.
  Calle 80 Núm. 10-23, Santafé de Bogotá, Colombia.
- Santillana S. A.
  Torrelaguna 60-28043, Madrid, España.
- Santillana S. A.
  Av. San Felipe 731, Lima, Perú.
- Editorial Santillana S. A.
  Av. Rómulo Gallegos, Edif. Zulia 1er. piso
  Boleita Nte., 1071, Caracas, Venezuela.
- Editorial Santillana Inc.
  P.O. Box 19-5462 Hato Rey, 00919, San Juan, Puerto Rico.
- Santillana Publishing Company Inc.
  2043 N. W. 87th Avenue, 33172, Miami, Fl., E. U. A.
- Ediciones Santillana S. A. (ROU)
  Constitución 1889, 11800, Montevideo, Uruguay.
- Aguilar, Altea, Taurus, Alfaguara, S. A.
  Beazley 3860, 1437, Buenos Aires, Argentina.
- Aguilar Chilena de Ediciones Ltda.
  Dr. Aníbal Ariztía 1444, Providencia, Santiago de Chile.
- Santillana de Costa Rica, S. A.
  La Uraca, 100 mts. Oeste de Migración y Extranjería, San José, Costa Rica.

Primera edición en Alfaguara: enero de 2001

ISBN: 968-19-0579-2

D. R. © Diseño: Proyecto de Enric Satué

D. R. © Imagen de cubierta: *María Eugenia en el paisaje*, Myrna Baez

D. R. © Cubierta: Angélica Alva

Impreso en México

Índice

Prólogo	9
Espacios existenciales	
Meditación extramuros	15
El paisaje de Ponce	25
Correspondencias	33
Una conciencia musical	39
Canes de mi corazón	55
Los peligros del diminutivo	61
Las madres kamikaze	69
El oro de Colón	75
Tres versiones del desembarco	83
La torre del homenaje	89
Otra vez los magos	105
Testimonio de la voz puertorriqueña	109
El músculo del cerebro	115

¿A dónde fue a parar
el Caribe Hilton? 119

Espacios literarios

La cocina de la escritura 125

Cómo escribir lo que
no se puede decir 139

Cómo poner un huevo 145

Ofelia a la deriva
en las aguas de la memoria 149

De la ira a la ironía 163

Entre Clara y Julia 169

Escribir entre dos filos 173

Entre el ser y el tener 181

Homenajes

La fiesta de Ponce,
de Rafael Ríos Rey 189

Don Miguel Pou 195

La cruz y ficción
de Elizam Escobar 197

Borges, el héroe ciego 203

Octavio Paz, *in memoriam* 207

Don Enrique: más allá del Nobel 211

La tiranía de la carne 215

Prólogo

Al escribir llenamos un espacio, tanto físico como mental, con nuestras percepciones y emociones, nuestros razonamientos y nuestros sueños; y a través de los años vamos dejando detrás de nosotros un tapiz que recoge la infrahistoria de nuestro tiempo. Ese tapiz está hecho con hilos que vienen a la vez del corazón y de la cabeza, de la imaginación y de la razón. Afortunadamente ya no tenemos, como Penélope, que deshacer de noche lo que tejemos de día.

No somos la misma persona hoy que la que fuimos ayer, y no podemos evitar ver la vida a través de nuestras experiencias. La historia personal, como la historia de un país, es como una gran casa a la cual se le han ido añadiendo cuartos, cada uno en un estilo diferente, con muchos pasillos y gabinetes que sólo se abren al apretar resortes secretos. La literatura nos permite dejar testimonio de esas complejidades humanas; es el lente que une el pasado y el presente, lo grande y lo pequeño, lo visible y lo invisible. Gracias a la literatura podemos vernos en un espejo, aunque parcialmente. Sólo el día de la muerte nos veremos de cuerpo entero, y cara a cara.

Los ensayos de este libro fueron publicados en diversos periódicos y revistas durante los últimos quince años, es decir entre los años 1985 y 2000. Algunos son relatos de experiencias personales que fueron importantes para mí, otros son descripciones de lugares que son parte de nuestra historia colectiva: el paisaje del Caribe y el del Atlántico, que sostienen en vilo la isla de Puerto Rico; el laberinto misterioso de nuestra cordillera central; la magnífica bahía de San Juan; el Viejo San Juan y la Fortaleza de Santa Catalina; el cementerio de Santa María dei Pazzi y el Cementerio Católico de Ponce. Estos espacios son tan parte de nuestra memoria como si estuvieran hechos de carne y hueso.

Otros ensayos, los que se agrupan en la sección "Espacios literarios", son meditaciones sobre la escritura. Constituyen el testimonio de un quehacer que he ejercido apasionadamente durante treinta años, arrancándole horas al día como si le arrancara hojas al árbol de la vida y muchas más al de la muerte. Toda escritura es una experiencia límite, con cada nuevo libro nos jugamos la reputación y, lo que es más importante, el respeto del prójimo y el respeto a nosotros mismos.

Escribir es un oficio que a menudo se ejerce en la frontera de la razón; puede poner en peligro nuestra estabilidad emocional y espiritual. Entramos en un trance durante el cual vivimos rodeados de personajes imaginarios. Escuchamos voces (¿las voces de nuestros antepasados espiritistas?) con las que dialogamos secretamente. Y sin embargo la escritura es algo que por lo general tratamos de ocultar. Todos los escritores tienen un *alter ego* secreto y quizá algo abochornado, que no tiene nada que ver con ese ser que le hace publicidad a los libros, contesta amablemente las preguntas de los lectores y firma libros. Ese yo secreto defiende su privacidad a toda costa y con toda suerte de tretas. Cuando alguien me pregunta sobre mi escritura, muchas veces me río como si fuera un chiste, me encojo de hombros y digo que mis garabatos son un pasatiempo que llevo a cabo en mis ratos de ocio para no aburrirme. Pero la verdad es que la escritura es una vocación terriblemente seria.

La gente a menudo se siente amenazada por los escritores, y con razón, porque el mundo que lo rodea es el laboratorio del escritor y necesita escrutarlo. Pero hablar de vocación o de compromiso suena solemne y engreído. El humor suele ser una máscara agradable, que no rompe con los rituales de la cortesía.

La esterilidad que experimentan algunos escritores al enfrentarse a la página en blanco, afortunadamente no me ha tocado. Escribo cada minuto que puedo porque escribir me hace feliz, porque siento la necesidad de hacerlo. Cuando los quehaceres diarios se multiplican y no tengo tiempo de acercarme a la computadora, la miro con nostalgia al pasar, y sobre ella veo flotar una nubecita de felicidad que dice: "Ven y siéntate un rato a mi sombra".

Creo que el oficio que escogemos determina nuestro destino mucho más que la genética o el entorno. Ni el nombre de pila, ni el apellido de familia resultan, al fin y al cabo, tan importantes. Para identificar certeramente quiénes somos no deberíamos decir "soy fulana de tal", sino "amo lo que hago". Antes eso sólo lo podían decir los hombres, ya que la gran mayoría de las mujeres éramos esposas y amas de casa. Ahora podemos ser esposas y amas de casa apasionadas, y también doctoras, abogadas, arquitectas o escritoras apasionadas.

Rilke señala la necesidad que tiene el ser humano de vivir en presencia del "ángel" de la inspiración, esa chispa divina que habita en todos nosotros. Vivir en presencia del ángel exige sacar el significado más profundo de cada momento que pasa. Estoy convencida de que mi vida no hubiese sido la misma si a los doce años no hubiese leído por vez primera *Cumbres borrascosas*, en las penumbras de la biblioteca de mi casa.

Ese día me enamoré de Heathcliff, de Cathy, de Emily Brönte y de la Dama Literatura. Si la he servido bien o mal, sólo el tiempo dirá. Pero no me arrepiento de haber vivido a la sombra de su nombre.

Espacios
existenciales

Meditación extramuros

Una visita al Cementerio de Santa María dei Pazzi, en el Viejo San Juan, resulta una lección valiosa sobre la historia de Puerto Rico. Allí están enterrados algunos de nuestros muertos más ilustres: poetas, músicos, escritores. Esos muertos son como raíces que nos nutren y que nos atan a la tierra, afirmándonos a la vida consciente. Gracias a ellos somos más personas y mejores ciudadanos; nuestro sentido de dirección se afirma hacia dentro y hacia fuera. Nos reconforta saber que vivos y muertos giran nocturnamente al unísono alrededor del sol, y que entre nosotros se establece una continuidad, una comunidad definida a la cual pertenecemos.

Santa María dei Pazzi es un cementerio diferente a los de los demás pueblos de la isla. El Cementerio Católico de Ponce, por ejemplo, que antes se encontraba en una solitaria loma de piedra caliza a las afueras del pueblo, ha quedado rodeado por urbanizaciones modernas. Al Cementerio de Isla Verde por un lado se lo está comiendo el mar, y por el otro está cercado de cabañas con *beach front* poblado de *hobbie cats*, *sunfishes* y bañistas en bikini. El Cementerio de Bayamón está rodeado de prósperos vendedores de carros, y para entrar a él hay que pasar por debajo de un enorme letrero plástico de la General Motors. Las ciudades arropan con su oleaje de modernidad a los muertos y los camposantos se vuelven cada vez más anacrónicos, acechados por los urbanizadores que calculan su valor en dólares por metro cuadrado y que le rezan diariamente a San Expedito para que nos regale un crematorio que *expedite* a los muertos a un *real estate* menos valioso.

La entrada a Santa María dei Pazzi resulta sobrecogedora: un túnel mohoso y semidesmoronado, que se sumerge bajo los antiguos parapetos militares de la ciudad antes de resurgir junto al mar. El cementerio fue situado por los españoles fuera de las murallas por razones de salubridad: para evitar las epidemias. El viento del Océano Atlántico se llevaba las miasmas infecciosas y la cercanía a la ciudad facilitaba las visitas a los deudos en los aniversarios de los muertos.

El espectáculo siempre alegre del agua que brilla a su alrededor despoja al cementerio de todo ambiente lúgubre, y hace pensar que el paso a una "mejor vida" allí es posible. Al menos será más fresca y saludable, eximida de los calores infernales de la isla y curados los pulmones por el yodo.

Un letrero junto a la entrada del cementerio llama la atención del visitante: "Bienvenidos al arrabal de La Perla". El arrabal fue fundado en el siglo XVI por los españoles como un poblado o caserío de mujeres indígenas, llevadas allí para la conveniencia de los soldados que edificaron el fuerte de San Felipe del Morro y durante los siglos subsiguientes ha permanecido como el lugar de residencia preferido por muchas de las prostitutas de la capital.

La Perla es un lugar "extramuros", un espacio físico socialmente marginado. Como el barrio del Matadero en Sevilla, sigue siendo hoy la guarida de ladrones más popular de la isla, donde residen muchos de los que asaltan nocturnamente las casas de los burgueses situadas un poco más arriba, en las calles "respetables" de San Juan. Como en las ciudades medievales, donde llevaban a los apestados a morir fuera de las murallas y donde también se condenaba a vivir a los presos y a todos aquellos ciudadanos cuyas ocupaciones tuviesen mal olor (como la crianza de cerdos, el embalsamamiento de los muertos o el curtido de las pieles), los vecinos de La Perla fueron extraditados fuera de la *polis*. La muerte, como la prostitución o el crimen, es algo escandaloso —sabemos que está ahí, pero preferimos olvidarla.

Las tumbas —la mayoría de ellas construidas de mármol blanco— están en alto sobre el acantilado, a salvo del oleaje inquieto que bate a sus pies. Las casas de La Perla, sin embargo —de tablones de madera, con dos o tres habitaciones, techo a dos aguas y un pequeño balcón que da a la calle—, bajan atrevidas hasta la playa montadas en zancos. Pero esto está cambiando, y hoy las casas de cemento comienzan a proliferar en el arrabal. Algunas tienen balcones señoriales de bloques de concreto.

Como el procerato enterrado en el Cementerio, el arrabal también ha sabido ganarse su lugar en la historia isleña. Ha sido tema preferido de pintores y grabadores, de Rafael Tufiño y de Juan Alicea, por ejemplo; o de escritores como René Marqués, Pedro Juan Soto y Oscar Lewis. Es a La Perla que se va a vivir doña Gabriela, la campesina de *La carreta*, antes de dar *el salto grande* a Nueva York. Es en La Perla, que en los años cuarenta es ya un "barrio" colindante de Harlem y del Bronx, donde se sitúa el drama de Fernanda Fuentes y su familia, la prostituta heroica de *La vida*, de Oscar Lewis.

Lewis bautizó el arrabal eufemísticamente como La Esmeralda, quitándole así mucho de su encanto a esa Perla asesina que, como la que dejó caer el rey de Dinamarca en la copa de Gertrudis, hace siglos que envenena y enriquece a San Juan. La Perla ha pasado a formar parte del mito puertorriqueño de la supervivencia del débil en una sociedad regida por los valores de ese mismo procerato burgués enterrado irónicamente junto a él.

Nuestros políticos siempre han estado conscientes del valor simbólico de La Perla ante los ojos del pueblo, y una visita al arrabal lo confirma. Cada cuatro años, en época de elecciones, el Partido Popular y el Partido Nuevo Progresista se disputan fieramente La Perla, porque su voto significa que "los pobres" están con ellos. Vista desde lejos, desde los baluartes del fuerte de San Felipe del Morro, por ejemplo, La Perla llama la atención por sus techos forrados de un cartón verdinegro como sargazo petrificado, que contrasta con los picos inquietos de las olas azules a su alrededor. Esos techos impermeables los donó doña Fela, la alcaldesa del Partido Popular, en una de sus campañas electorales. Una cancha de baloncesto, construida como un martirio de Tántalo al lado de un risco por donde se despeñan irrecuperables las bolas hacia el mar, fue abandonada hace tiempo por los jugadores frustrados. Un pequeño malecón, con bancos de cemento pintados de rojo Popular frente a la playa cubierta de basura y salpicada de jeringuillas desechadas por los drogadictos; unas mesitas redondas con sombrillas de metal pintadas azul PNP y un televisor ya inoperable en la plaza, comido por el salitre; todo testimonia el esfuerzo del municipio en turno por ganarse esos votos que, durante la campaña, resultan tan importantes, al aparecer las banderas rojas o azules que barren furibundas el cielo desde sus altísimos escobillones de bambú.

El vecindaje de ambos lugares es llamativo y provoca mil elucubraciones fértiles. ¿Cómo conviven sus residentes? ¿Molestan a los difuntos burgueses los ruidos de La Perla? ¿El chillido de las sirenas de las redadas de droga, los tiroteos de los asesinatos y de las guerras intestinas de los mafiosos, la salsa que se eleva de los bares, cafetines y *ghetto boxes*? ¿Se sienten contentos de poder dormir al aire libre y a pierna suelta junto a sus temidos vecinos, sin tener ya que encerrarse en casas que parecen jaulas de rejas para evitar que les roben sus pertenencias? Y a los residentes de La Perla, ¿les gustará tener un vecindario de marmóreas mansiones silenciosas a la vuelta de la esquina? ¿Sentirán encono contra aquellos cuyos nombres serán recordados en los anales patrios, mientras que los suyos permanecerán eternamente anónimos?

El cementerio y La Perla, no obstante las diferencias, son hoy una sola barriada. A los vecinos de La Perla los entierran también a veces en el Cementerio de Santa María. Como es un cementerio "vivo", los urbanizadores de la *megalópolis* le seguirán sacando el cuerpo (literal y económicamente) por muchos años. En la topografía de ambos quedarán inscritas para el futuro las dos caras de nuestra historia: la de nuestros logros espirituales y la de nuestra violencia; la de nuestros adelantos sociales y la del crimen que carcome la fachada elegantemente empañetada de nuestra casa-isla.

El cementerio ha cambiado poco en los noventa del consumismo. Los puertorriqueños siguen visitando fielmente a sus muertos y haciéndoles compañía, como lo comprueban las coronas de flores marchitas que se hacinan a la entrada al día siguiente del Día de las Madres o de Todos los Santos. Sigue siendo un lugar espectacular. El mar parece flotar sobre las tumbas, blancas como lascas de hielo que rehúsan derretirse bajo el sol. Por otro lado, es también un lugar ruinoso, predio de vándalos y de fanáticos religiosos y políticos, donde las huesas abiertas y husmeadas por los perros son un espectáculo común.

Como si hasta el cementerio se proyectara nuestra falta de planificación, las tumbas, como las casas de La Perla, se apiñan en un laberinto desordenado por todas partes. Y sin embargo, esa misma improvisación da lugar a una vitalidad sorprendente. Tumbas y tugurios se mezclan y multiplican en una malla de habitáculos que parecen reflejados en un espejo: el laberinto de la izquierda para los desahuciados por la muerte; el de la derecha para los desahuciados por la sociedad. En las zahúrdas de Plutón, muertos y vivos sobreviven como pueden.

Los rapaces de La Perla le corren detrás al visitante gritando: "Míster, ¿quiere que le lave la tumba?" Según el velador del lugar, los visitantes nocturnos a menudo saltan impunes la verja o se descuelgan por las herrumbrosas murallas de El Morro, unas veces para vandalizar a los panteones, otras para fumarse algún pitillo de marihuana o meterse algo más fuerte, en la compañía de los fuegos fatuos que bailan sobre las lápidas en la oscuridad.

El hermoso busto de mármol de Carrara de José Gautier Benítez tiene la nariz desconchada; el busto de José de Diego lo derribaron de su columna y se quebró en varios lugares antes de que la Sociedad de Amigos de De Diego lo devolviese a su lugar. La tumba de Albizu Campos, a diferencia de la de De Diego, no ha sido vandalizada, porque la construyeron al estilo búnker y es de granito macizo, a prueba de granadas de mano. Albizu se adelantó a la guerra que se libra entre vivos y muertos en Puerto Rico. Adivinó quizá que un día tendríamos uno de los índices de asaltos y asesinatos más altos del mundo.

Como en *El cementerio marino* de Paul Valéry, en el Cementerio del Viejo San Juan el mar vela como un perro fiel y espléndido sobre las tumbas. De tanto en tanto un trasatlántico blanco se perfila en el horizonte y parece haber llegado allí como por arte de magia. No hay otro lugar en Puerto Rico donde se encuentren reunidos, en pétrea tregua silente, tantos políticos adversarios, cuyos bustos tallados en mármol miran todos en la misma dirección. Vistos a distancia, los próceres parecen esperar ansiosamente la llegada de algo o de alguien. ¿El salvador de la patria? ¿Quien acierte finalmente a definir lo que quiere decir ser puertorriqueño? ¿Quien nos diga de dónde venimos y hacia dónde vamos? ¿Un simple vecino que se acerque caritativamente a ponerle agua y flores a una tumba?

Entre los "líderes" políticos que se ven obligados a dormir en intranquila armonía, unos junto a otros, se encuentran José Julián Acosta, el insigne abolicionista; Samuel R. Quiñones, presidente del Senado; Leopoldo Figueroa, líder de la Coalición junto a Martínez Nadal y Miguel Ángel García Méndez; José Celso Barbosa, fundador del Partido Republicano; Gilberto Concepción de Gracia, fundador del Partido Independentista. Los poetas y escritores también abundan, como, por ejemplo, José Gautier Benítez, José de Diego, Alejandro Tapia y Rivera; así como también los músicos: Rafael Hernández (su busto no es de mármol italiano, sino de piedra caliza puertorriqueña), Agustín (Tito) Lara y Pedro Flores. El coro de voces debe resultar ensordecedor en las noches, manteniendo despiertos a los pobres difuntos.

El sentimiento nacionalista corre candente entre las tumbas y les da un aire de intranquilidad, de huesos que aún no han encontrado la paz final, reflejado en las olas que se agitan rebeldes a su alrededor. Hasta don Félix Benítez Rexach, "ingeniero e industrial, *Officier de la Légion d'Honneur*", como reza orgullosamente su lápida, aspira a ser poeta y patriota en la hora postrera: "Nacer cual botón en flor / después del primer placer /

viene el primer dolor. / Recibir desengaños / y al cabo de los años / doblar la frente y morir." "Fueron las últimas palabras a su médico", se lee sobre la tumba. Los versos de calidad dudosa comprueban que el gran burgués puertorriqueño, sea de la filiación política que sea, tiene el alma romántica y puede ser a la vez poeta, político e industrial. Su busto, hecho de un plástico blanco sobre el cual han derramado una indestructible capa vítrea, durará sin duda por los siglos de los siglos. Cuando los bustos de De Diego, de Gautier Benítez y de Barbosa, tallados en mármol, hayan desaparecido, carcomidos por la lluvia y el viento, el de Benítez Rexach todavía seguirá allí, proclamando la capacidad para sobrevivir de la burguesía puertorriqueña.

No hay un solo busto de mujer en todo el cementerio —hasta el busto de Mirta Silva, la Gorda de Oro, brilla por su ausencia—. Lo que sí hay es una cantidad sorprendente de ángeles de alas escurridas y mustias llorando sobre las cruces. Sintomático del orden moral que rige en nuestra isla es el hecho de que el único monumento a una mujer es el monumento a Moineau (Lucienne L' Hotelle de Benítez Rexach), la amante francesa de Benítez Rexach. Se trata de un Taj Mahal de mal gusto, adaptado al clima del Caribe. Un pórtico de granito negro, con gorriones de bronce en honor al *moineau* francés incrustados en el pedimento, rodeado por bancos de mármol a la vuelta y redonda, le da a la tumba una extraña sensación de terraza a la cual en cualquier momento se va a asomar la muerta.

Bajo el friso de mármol, Moineau aparece vestida con chaqueta, pantalón y gorra de capitán de barco, pañuelo de pico en el bolsillo y pierna cruzada al estilo varonil —no a la altura del muslo, como lo hubiese exigido la modestia femenina, sino con el tobillo puesto a la altura de la rodilla—. Y sin embargo, la imagen de Moineau que guarda la memoria colectiva puertorriqueña no tiene nada que ver con esa capitana de barco sentada tan *nonchalante* sobre su tumba. En la isla se le recuerda tirándose desnuda a la piscina del Hotel Normandie, desde lo alto del quinto piso. Así salió retratada en la primera plana del periódico *El Mundo* sin que a Benítez Rexach le importara en lo absoluto.

Los versos más conmovedores sobre el Cementerio de Santa María se los escuché un día que estuve allí de visita a un anciano vestido de bastón, camisa amarilla y pantalón raído. Había venido caminando desde La Perla del brazo de su sobrina, a visitar el lugar donde sería enterrado próximamente. "No tiene por qué quejarse", escuché que le dijo la joven en tono de respeto cuando se acercaron, empleando el antiguo "usted"; "hace un fresco delicioso y no tendrá que preocuparse por los mosquitos". El anciano, como si formulara un juicio para la posteridad antes de aceptar lo inevitable, hizo un gesto amplio con el brazo hacia los elegantes mausoleos a su alrededor y recitó aquella plena que dice: "Tanta vanidad / tanta hipocresía, si tu cuerpo / después de muerto / pertenece a la tumba fría."

El paisaje de Ponce

El paisaje de la niñez establece hábitos y maneras de mirar el mundo que luego se nos hace difícil cambiar. Es como una madre cuyo rostro nos educa amorosamente la vista desde que venimos al mundo. A diferencia del paisaje húmedo y vegetal del norte y oeste de la isla, regado por las nubes que alimentan las tormentas tropicales que se forman sobre el Atlántico, los campos del sur parecen moldeados por una paleta adusta y arenosa, donde un agosto penitente reina la mayor parte del año. Lejanías sobre la cuales el ojo titubea confundido, disipado por el vaho caliginoso que exhalan las siluetas de los montes; en ellas los verdes más delicados se esfuman en pinceladas tímidas por hondonadas profundas, como en los paisajes de don Miguel Pou.

Es el sur, la tierra estéril y madrastra de Palés, donde reinan las tonalidades sensuales: el cobre aleonado de la pelambre en celo, el rosa salmón de la entrepierna oculta, el blanco alabastrino de la garganta ofrecida al silencio de un cielo sin nubes. La vegetación escasa destaca aún más los contornos de la tierra caldeada y hace pensar en senos, ingles y nalgas, en sobacos hirsutos de tufo sudoroso, en rumbón intranquilo de caldeados hacinamientos.

El calor del Mar Caribe cuelga denso e inmóvil en el aire, lejos del brisote refrescante del Atlántico. Su presencia cercana contribuye a la sensación de asfixia que a veces anega al ponceño y lo hace, como Santa Teresa, sacudirse el polvo de las alpargatas y emprender ávido el camino de la capital. San Juan, como La Habana, es una ciudad ceñida por el añil profundo del Atlántico, salpicado de crestas revoltosas que corren hacia la playa. El Atlántico energiza, despierta el intelecto; es una constante invitación al viaje. El San Juan amurallado, con la proa del Morro rompiendo las mareas del Ponto desde hace cuatro siglos, parece a punto de emprenderlo. Ponce, retirado del Caribe unas cinco millas, vive de espaldas al mar pero se le hace imposible ignorarlo. Durante el día la brisa caliente es un recordatorio de su presencia, mientras que por la noche se levanta la brisa fresca que sopla de las montañas.

Como Turín, Ponce está al pie de los montes; los macizos de la cordillera se yerguen azules tras de él y son el perpetuo telón de fondo de la vida de los ponceños. El cielo de Ponce a la hora del ocaso se vuelve iridiscente, y el rosa salmón ilumina las nubes nacaradas que se aglomeran pesadas sobre el horizonte. Es el mismo cielo que se tiende sobre la bahía de Santiago de Cuba, en el sur caribeño. La puesta de sol en Ponce es un espectáculo diario: una yema de sangre que se desliza hasta desaparecer por la espalda de la Tierra. El cielo del norte, por lo contrario, es aporcelanado y límpido, con nubes que se desflecan como velos blancos sobre el añil rebelde del agua.

El calor, en el sur, invita al movimiento perpetuo de los abanicos —la única manera de buscar el fresco—. Por todas partes hay moscas, majes y mosquitos que baten alas, y zumban que te zumba el merequetén. El movimiento del cuerpo desemboca a menudo en danza: se trata del reino del ritmo. No en balde en esta tierra nacieron Eugenio Astol y Juan Morel Campos; no en balde en Ponce nació la plena, Mingo y sus Whoopy

Kids; Ruth Fernández *La Impostergable*; no en balde de allí son oriundas Isabel la *Negra* y Tembandumba de la Quimbamba.

El paisaje de Ponce lleva al autoexamen, a internarse por los abismos de la conciencia. El sacrificio es un hábito que nutre y fortalece, que hace más soportables las crisis de ánimo. De la piedra caliza aglomerada por el piso que lo mira con cuévanos de calavera que se desmorona, le viene al ponceño la contemplación de la muerte. De los tamarindos, los almácigos, los tintillos sobrevivientes de sequías implacables que crepitan al viento su ramaje espinoso, le viene la persistencia. La vida es algo precioso, ésa es la lección más importante que aprende el ponceño del paisaje que le rodea. La necesidad es madre de todas las cosas; sólo es feliz el que aprende a sacar vida de la nada.

Esa tosquedad de la naturaleza se repite en cierta manera de ser burda que caracteriza a veces a los ponceños, cierto entusiasmo caradura imprescindible para la supervivencia. "Ponce es Ponce", dice la plena y afirman los ponceños. Ponce es la productora de divisas mientras que San Juan es la consumidora, la cortesana burocrática. Los ponceños, cuando se juntan, se las echan de lo malo, tanto como de lo bueno que hicieron. De Ponce era Américo Barnés, que por poco acaba con los leones y los elefantes del África; de Ponce era Antonio Paoli, el tenor que París ovacionó y que su pueblo ignoró; en Ponce bailó Ana Pavlova *La muerte del cisne* en 1917 y Alicia Alonso bailó *El cisne negro* en 1945. En Ponce se mató el primer aviador que vino a Puerto Rico en un circo, y que se estrelló contra las bambúas del Río Portugués. No hay ruina cataclísmica que acabe con el complejo de superioridad de los ponceños. Ni las debacles de la Commonwealth Oil, de la Union Carbide y de la Pittsburgh Plate; ni la huida de la Hércules, la fábrica de productos químicos de confeccionar pólvora; ni el cierre de la enlatadora de atún, que le espantaba el hambre a cientos de familias de la Playa. "Ponce es Ponce", repiten, "somos el Tejas de Puerto Rico". ¿PONCE *EL TEJAS* DE PUERTO RICO? ¿Con qué se come eso? ¿En qué ego cabe?

Hace cuarenta años Ponce tenía 250 mil habitantes; hoy tiene menos, a causa de la emigración. La isla es como un *surfboard* peligrosamente inclinado hacia el norte, debido a la gran densidad de habitantes aglomerados en la costa. Se trata en realidad de dos islas: la del norte y la del sur, la de San Juan y la de Ponce. La del norte es rica, con una tasa de desempleo entre 5% y 7%, y la del sur es pobre, con una tasa de desempleo del 58.8%. Los ponceños, como los ciudadanos de la antigua Numancia, han visto caer sus murallas a través de los años, pero siguen firmes al pie del cañón. Jamás tiran la toalla, casi nunca se suicidan, rara vez se entregan a la nostalgia.

El ponceño es tosco pero sincero, no le tiene miedo a mirar de frente. Como a Wilfredo Gómez en Las Vegas, le han dado más pescosás que a pandereta de Pentecostés, le han dado y no fueron gracias, le han dao y le han dao y le han dao. El centro del pueblo parece un pueblo fantasma: El Cometa (donde los baldes y las escaleras alternaban en mi niñez con los patines y las bicicletas nuevas exhibiéndose sobre la acera) quebró; la ferretería La Puerta del Sol cerró; la sucursal de González Padín quebró; Vilariño y su cinco y diez quebró; Valdecilla quebró; el Bazar Atocha quebró; Barquet Hermanos quebró; las Joyerías Nicole quebraron; Rafael Toro quebró. Sólo queda, milagro entre milagros, el Candy and Magazine Estore, que combina todavía la lectura y el dulce para tentar a sus asiduos y jóvenes visitantes y donde los Biliquens años atrás convivían con los cómics de Scheena, Dick Tracy y Tarzán, las novelas de Julio Verne y Corín Tellado. Navío ínfimo, carabela diminuta donde la imaginación de todo un pueblo ha navegado por más de treinta años.

Ponce, en fin, es hoy una ciudad reducida a su recuerdo. Frente a cada esquina, en cada acera, los ponceños no vemos lo que está sino lo que no está, lo que se llevó el *attrition*, la diáspora de la emigración, el vendaval del tiempo. A pesar del atractivo diseño que le dieron a la calle Atocha, en el cual se eliminaron las aceras y la calle unánime llega hasta las puertas de los comercios, las muchedumbres de ayer han desaparecido. Faltan el jaleo de los carros públicos, la gritería de los vendedores de la lotería y de los voceadores de periódico. Durante la primera visita que mi familia hizo a Europa recuerdo que nuestro comentario al ver la famosa Calle de las Sierpes, en Sevilla, fue típicamente ponceño: "¡Ave María, pero si es igualita a la calle Atocha!"

El pirata es otro elemento típico del paisaje de Ponce. A diferencia de San Juan, donde los piratas eran vistos como asesinos que asediaban la capital robando cálices y quemando bibliotecas, en Ponce los piratas eran siempre los buenos. En la novela de Tapia, el pirata Cofresí, oriundo de Cabo Rojo, le robaba a los ricos para dárselo a los pobres. Los carnavales de piratas se repetían en Ponce de año en año, fuesen en el Club Deportivo o en The Place, el *nightclub* de moda durante los cincuenta y sesenta en la Playa de los Meros. Sospecho que mucha gente de la sociedad de Ponce guarda todavía alguna foto suya vestido de pirata. Ser pirata, como ser de Ponce, implicaba rechazar la superioridad de la metrópolis ("Ponce es Ponce, con tos los *powers*, y siempre es mejor que San Juan"), y en segundo lugar se establecía una identificación tácita, una confianza que facilitaba los negocios entre ponceños. Cuando el Banco Popular se tragó al Banco de Ponce, desapareció toda una clase social basada en la hegemonía económica sureña y la burguesía de la isla pasó a ser una sola.

Al cruzar la cordillera de regreso a Ponce desde los Estados Unidos, o de exilios aún más lejanos, el ponceño que divisa el primer destello del Caribe se siente ya en casa, a sus anchas en el paraje agreste que lo ha acostumbrado al sacrificio, a la persistencia y a la constancia. Sobre el azul turquesa, un poco más allá de la Central Merceditas, flota el islote de Caja de Muertos. Al bajar de la montaña por la autopista, el islote parece de primera intención una mujer tendida sobre el mar. Luego se agranda y parece un ataúd; las dos delgadas penínsulas son sus dos asas, listas para cargarlo. Finalmente gira en el vacío, y a la mujer-ataúd se le alarga el cuello y la cabeza se le encoge hasta hacérsele chiquitita. Esta ilusión óptica no es gratuita. Señala una vez más la importancia de la simbología geográfica.

En Ponce, durante los años cincuenta y sesenta, la condición femenina a menudo obligaba a las mujeres a convertirse en su propio ataúd. No hacían ejercicio ni tenían una carrera profesional. Las pocas señoras que sí la tenían —como, por ejemplo, María Rosa Vidal, quien se paseaba con su arpa por toda La Alhambra tocando de gratis en las casas; la doctora Del Valle; la doctora Pérez Marchand; Bon Bón, la abogada de la Calle Castillo— eran vistas como excéntricas. Cuando los hijos crecían, las mujeres se dedicaban a cocinar comidas deliciosas, y muchas veces engordaban de tal manera que, como a la mujer-ataúd de Caja de Muertos, el cuerpo se les iba agigantando como una mole y la cabeza se les achicaba hasta parecer a punto de desaparecer.

Síster Isolina luchó siempre por escapar a ese destino. En una foto vieja aparece vestida con uniforme de bombero, con una enorme manguera de apagar fuego en la falda y una gorra de visera de charol sobre la cabeza (ella dice que nunca apagó fuegos, que sólo fue madrina de los bomberos, pero no existe prueba de ello). Más tarde prefirió unirse a la orden de las Misioneras del Espíritu Santo, que la trajo finalmente a la playa e hizo posible su maravilloso Centro. ("La Madre Teresa es la Síster Isolina de la India", es un comentario típicamente ponceño.)

Caja de Muertos tiene su leyenda. El nombre se lo puso en el siglo XVIII el escritor francés Jean Baptiste Labat, quien la llamó *Coffre A'mors,* literalmente "cofre de los muertos". Durante mi niñez y adolescencia, Caja de Muertos era uno de los lugares preferidos para los pasadías de la juventud de entonces. Allí no vivía nadie excepto Tito Wirshing, quien le había alquilado la isla al gobierno federal por un dólar al año.

Tito era un lobo marino con pinta de pirata. Era alto, rubio y de ojos azules, y sentía pasión por todo lo que tuviera que ver con el mar. Quizá se había refugiado en la isla por razones misántropas, pero lo cierto es que era estricto y muy bueno con los niños. Le encantaba montarnos en su *jeep* y llevarnos a ver a los pelícanos que anidaban en los mangles, así como la cueva donde decían que Cofresí había enterrado a una cacica india que era su amante. Durante las docenas de veces que visité la isla nunca presencié una escena indebida —ni la soledad, ni el libre acceso al licor, circunstancias que hubieran podido prestarse a desmanes, nos llevaron a ello—. El único que se emborrachaba era Pepe, el cabro alcohólico de Tito, que no bebía agua sino ron Don Q.

Entre las caminatas interminables, mi preferida era la subida al peñón del Morrillo, alrededor del cual nadaban siempre docenas de tiburones. Completamente sola, subiendo monte arriba por barrancos que le hubiesen dado a mi madre un ataque al corazón de saber por dónde andaba, me sentía independiente, capaz de enfrentarme a cualquier peligro. Me salía entonces —y todavía me sale, en circunstancias difíciles— lo ponceño: una terquedad espartana, un no darle importancia a los barrancos, a las picaduras de los majes, a las quemaduras de las ortigas ni a los pinchazos de los cactus; un no dejarse derrotar por el miedo hasta alcanzar la meta deseada. Sobre la cumbre del monte lograr vislumbrar por fin, enmarcado por los límpidos azules del Caribe, el paisaje de Ponce.

Correspondencias

Mi madre tenía un hermano que murió en 1942. En esa época ella acababa de abandonar el hogar paterno para irse a vivir a Ponce luego de su matrimonio. Mi tío estaba igualmente recién casado y se había mudado también a Ponce, porque su esposa era de allí. Su padre le había regalado una avioneta Cessna de regalo de bodas y esa avioneta era, después de su esposa, la gran pasión de su vida. La mañana del accidente, mi tía le había pedido a mi tío que viajara de Ponce a la Capital a buscarle un par de zapatillas plateadas que necesitaba esa noche para un baile en el Casino.

El viaje debería tomar unos veinte minutos de ida y veinte de vuelta en avión, y mi tío, que estaba locamente enamorado de mi tía, quiso complacerla. El mismo trayecto en coche hubiese tomado cerca de ocho horas debido a la topografía misteriosa de nuestra isla. Puerto Rico mide cien millas de largo por 35 de ancho, pero cruzarlo en coche de costa a costa requería en esa época, cuando aún no estaba construida la autopista, de una paciencia de siglos. Esto era así a causa de las agrestes montañas, ríos y despeñaderos que conforman su interior boscoso y aún hoy casi despoblado, topografía que recuerda un mapa apretado por el puño iracundo de Dios y arrojado como una bola de papel a los piélagos ultramarinos.

La isla era una peña pobre, un ínfimo peñón perdido en el Caribe que le había servido a los españoles durante siglos de presidio para los prófugos de sus colonias, y que ocultaba en su seno apretado y umbroso su verdadera extensión. Sólo al aventurarse por sus carreteras, que se internaban en laberintos de curvas en forma de horquilla, de horqueta o de látigo, era posible conocer la isla en sus justas proporciones. Agobiados por el mareo, el calor y el tedio, y dando un suspiro de alivio al verse por fin fuera de aquel enmarañado dédalo de curvas, abismos y cuestas del cual habían temido no salir jamás, reconocían que el tamaño de la isla era por lo menos diez veces mayor de lo que aparentaba en los mapas. Decían las malas lenguas que fue por atreverse a desafiar la topografía misteriosa de la isla en aquella extravagante transportación aérea, y por cometer el pecado de viajar de Ponce a la Capital en veinte minutos en la avioneta que mi abuelo le había regalado, que mi tío pereció trágicamente en aquel viaje. Al llegar a Manatí una tormenta lo obligó a desviarse hacia el centro de la isla, y la avioneta se estrelló contra el costado de una montaña.

La familia le permitió a la joven viuda enterrar los pocos restos que aparecieron entre los matorrales en una pequeña capilla gótica que mandó edificar en el Cementerio Católico de Ponce. No dudo que mi madre haya tenido mucho que ver con el hecho de que sus padres le permitiesen a mi tía enterrar allí a mi tío y no en la cripta de la familia en Mayagüez. Se sentía terriblemente sola en aquel pueblo, al que probablemente había accedido a venirse a vivir contando con que su hermano sería su vecino y compañero.

Durante los años subsiguientes mi madre y mi tía, que nunca se volvió a casar y le guardó luto a su marido toda la vida, visitaban juntas los domingos la tumba, y a esas visitas comenzaron a llevarme desde que cumplí un año. La bocanada de aire helado y flores putrefactas que salía de aquella capilla cuando mi madre abría con su propia llave la cancela de hierro negro, permanece hoy como uno de los recuerdos más intensos de mi niñez. Aquellas visitas tenían un cariz extraño. Entre ambas mujeres, vestidas rigurosamente de negro, se estableció una competencia mórbida, que se expresaba en el tamaño de los mazos de nardos y azucenas que cada cual traía consigo y colocaba sobre la cripta.

Guardando un silencio absoluto, que sólo quebraba el silbido de las casuarinas sembradas alrededor de la capilla, levantábamos entre las tres los floreros llenos de flores podridas de la semana anterior, los vaciábamos en el basural vecino y luego subíamos a pie por una cuesta de piedra caliza que aún no había sido pavimentada, hasta el tope de la colina donde había otras tumbas recientes y la municipalidad había colocado una llave de agua para el público. Una vez allí, lavábamos cuidadosamente los floreros, los llenábamos de agua fresca y volvíamos a bajar la cuesta para colocarlos en la capilla. Durante aquellas visitas aprendí muchas cosas: que allí, tendido en su nicho de mármol y acompañado por los ángeles de brazos cruzados sobre el pecho y ojos sellados en éxtasis que mi tía había enviado a tallar en Roma para que lo acompañara, yacía mi tío, intocado por la lluvia y el sol. Y también que los vivos podían odiarse a muerte por el amor de un muerto.

Mi madre adoraba a su hermano, y el duelo en que la sumió su muerte se prolongó por diez años. Yo, a mi vez, adoraba a mi madre, y no podía comprender por qué un muerto que ni siquiera había conocido era tan importante. Durante esos años mamá vistió siempre de negro, dejó de usar cosméticos, rehusó ir a fiestas y a bailes, se cerró a piedra y lodo a todo tipo de diversión. Aunque desde pequeña me encantaban los cuentos, no recuerdo que jamás me leyera o me contara uno; si íbamos a la playa, ella no se bañaba; y el día de mi primera comunión, en que a las demás niñas sus padres les hicieron imprimir alegres estampas del Niño Jesús iluminadas a colores que conmemoraban aquel día, a causa del luto por mi tío, que llevaba ya seis años de muerto, mis estampillas fueron impresas en blanco y negro, con una triste letra de esquela.

A los siete años de muerto su hermano, en presencia de mi madre todavía no se podía mencionar su nombre sin que inmediatamente se hiciera un silencio álgido, durante el cual los ojos se llenaban de lágrimas. Pasaba horas contemplando el álbum en el cual guardaba sus retratos. Había recortado con infinito cuidado su silueta en todas las fotos de familia, para colocarlo siempre solo, curiosamente flotando sobre la cartulina negra del álbum, intocado por la cercanía de sus seres queridos y sobre todo lejos de mi tía. Recuerdo el rictus de amargura que vi en su boca cuando un día le pregunté por qué mis primos jamás venían a visitarnos a la casa cuando veíamos a mi tía todos los domingos en el cementerio, y me contestó que no venían porque ella se lo había prohibido, porque había sido por culpa del capricho de mi tía que su hermano había muerto, al pedirle que fuera a buscarle en avión sus tontas zapatillas de baile.

De aquel pozo de tristeza en que me sumió indirectamente la muerte de mi tío vino a sacarme, cuando cumplí siete años, Gilda Ventura. Gilda era negra, alta y delgada, y tendría escasamente diez años más que yo cuando llegó a nuestra casa a trabajar de niñera. Venía de una familia de 14 hermanos, y trabajar con nosotros le aseguró sin duda "bandeárselas" del hambre. Su trabajo consistía estrictamente en velar por mi seguridad y bienestar; algo que debió parecerle extravagante, ya que sus hermanos, menores que yo, corrían descalzos y semidesnudos por los mangles vecinos a San Antón, a las afueras del pueblo. A diferencia de mi madre, Gilda tenía un temperamento alegre y vestía siempre trajes estampados de flores que destacaban las líneas armoniosas de su cuerpo, flexible y bronceado como un almácigo. Me gustaba sobre todo verla pintarse los labios de rojo brillante con un solo trazo experto de la mano, porque aquel gesto, y la sonrisa que lo acompañaba, me eximían del luto de mi madre.

A Gilda le encantaba leer y, terminadas las faenas de la escuela, nuestra actividad favorita era escondernos de los mayores para tomar turnos leyendo cuentos en voz alta. Descubrí gracias a ella que en el mundo de Barba Azul un hombre podía asesinar a siete mujeres por celos antes de ser castigado por la justicia; que en el mundo de la Sirenita se podía tener el valor de salir del océano en busca del amado, a pesar de sentir los pies destrozados por cuchillos que brotaban de la tierra; y, sobre todo, que en el mundo de la Reina de las Nieves, mi cuento preferido, una mujer hermosísima secuestraba a una niña y se la llevaba a vivir con ella a su palacio de hielo. La Reina de las Nieves había perdido a su hermano (en un accidente de trineo) y desde entonces llevaba una astilla de hielo enterrada en el corazón. Por eso, aunque criaba a la niña con esmero, nunca le hablaba ni jugaba con ella.

Aquellos cuentos me ayudaron a escapar del ambiente sombrío en el cual mi madre se encerró luego de la muerte de mi tío, y me ayudaron también a entender mejor mi propio mundo. Si en ellos podían darse sucesos terribles, saliendo ilesos sus héroes, el que viviéramos en una isla cuya topografía misteriosa había causado la muerte de mi tío, el que mi madre viviera enamorada de su recuerdo y yo devorada por los celos, no eran calamidades tan extraordinarias, y yo no debía guardar resentimiento por ello.

Una conciencia musical

En un ensayo de Carpentier, *El folklorismo en la música*, puede leerse lo siguiente: "Hay que dejar actuar el sonido por cuenta propia; dejarlo penetrar en la cera sensible del oído todavía tierno de los niños donde, no hay que olvidarlo, existe un arpa minúscula y prodigiosa, que percibe energías sonoras situadas más allá del temperamento o de los fraccionamientos posibles e infinitos del tono."

Leyéndolo hace algún tiempo, me puse a recordar a Gilda Ventura, la niñera que me cuidó hasta que tuve diez años.

Nací en Ponce, en un barrio de casas estilo español californiano, de techos inclinados de tejas, jardines sembrados de palmas reales, árboles de mangó y exuberantes arbustos de alhelíes, canarios y trinitarias. Las calles de La Alhambra llevaban todas nombres de lugares exóticos, tales como Lindaraja, La Giralda y El Generalife, que los habitantes del pueblo muy pronto cambiaron burlonamente a Linda Raja, La Grisnalga y El General Life. Nuestros vecinos se empeñaban entonces en vivir en un plano de fantasía desatada: la década del cuarenta, así como la del cincuenta, fueron turbulentas en Puerto Rico, marcadas por los levantamientos nacionalistas, las huelgas de la caña y la Guerra de Corea, y en aquel ambiente caldeado la gente de La Alhambra se refugiaba en sus mansiones a cal y canto. El Club

Deportivo era su centro de reunión tradicional y tenía una elegante verja de piedras de río y un letrero enorme sobre el portón que decía: "Si no es socio no entre"; letrero que una mano anónima muy pronto desfiguró, garabateándole encima con airadas letras rojas: "Si no es sucio no entre". El Club colindaba por un lado con el Río Portugués, lo que facilitaba las visitas de los chillos que de vez en cuando se adueñaban de las canchas de volibol y de baloncesto. Más allá se apiñaba el barrio de La Milagrosa, donde abundaban los mercachifles, boliteros y truhanes de la calle Guadalupe, presidido por El Castillo, el antiguo Cuartel de Infantería Española, luego transformado en Corte de Distrito y cárcel municipal. Por el otro lado se extendían los enormes jardines traseros de las casas de La Alhambra, que en las noches resultaban peligrosos por su vegetación profusa y falta de vigilancia.

En el Club Deportivo a menudo se celebraban carnavales de temas exóticos, como, por ejemplo, la Corte del Sultán de Samarkanda, o los Piratas de la Malasia, o las Muñecas de Madame Récamier. Estos carnavales estaban más a tono con las novelas de Pierre Loti y los cuentos de *Las mil y una noches* que con la caótica realidad social y económica de entonces. A ellos se sumaba una veneración sin tasa por la música clásica, que era considerada por los habitantes de La Alhambra la reina de las artes, por su poder de elevar el espíritu humano a las esferas de lo sublime. Durante la primera mitad del siglo, por ejemplo, el pueblo fue testigo de una pugna encarnizada entre dos grupos musicales de apreciada prosapia. Por un lado estaba la Banda Municipal de Juan Morel Campos, cuya dirección heredaron Cocolía y Tomás Rabel, y por otro lado se encontraba el conjunto musical de don Arístides Chavier. La banda era la preferida del pueblo, y a menudo tocaba música popular y danzas con ritmos negroides en los actos públicos, influencia que Morel Campos integró por primera vez a la música puertorriqueña con gran éxito. El conjunto de Chavier, por otro lado, quien se venteaba de haber sido discípulo de Debussy, era el preferido en La Alhambra. Tocaba sólo música clásica, y las danzas que ejecutaba en los casinos seguían la pauta musical francesa. En aquella época la gente del pueblo escuchaba los conciertos de ambos conjuntos que competían entre sí en el Teatro La Perla, un hermoso edificio de sobrias columnas jónicas, y también desde los balcones de sus casas, ya que una vez lleno el teatro, la municipalidad ordenaba que se dejaran abiertas las ventanas del mismo, para beneficio de los que no podían costear los boletos y se habían quedado fuera.

En nuestra casa, por ejemplo, se tocaba mucho el piano durante veladas musicales muy concurridas, y no era extraño escuchar en las noches los acordes de Liszt, de Grieg y de Schumann transponer las vallas de cal y canto arropadas de trinitaria púrpura, con los que se intentaba conjurar la oscuridad inhóspita del pueblo que nos rodeaba. Esta veneración de mis padres por la música clásica, sin embargo, a mí me resultaba conflictiva. Era indudablemente un privilegio poder escuchar aquella música en un pueblo sitiado por la necesidad y el hambre. Pero escuchar música clásica exigía una total aquiescencia, una aceptación silenciosa de una hermosura que yo en el fondo resentía.

Aquellas veladas musicales se parecían a los servicios religiosos de la capilla del Colegio de las Madres del Sagrado Corazón donde yo estudiaba, y donde las monjas exigían venerar la presencia divina en la custodia rodeada de rayos de oro como materia absoluta de fe. Fui siempre, como la Fortunata de Galdós, una niña rebelde, y bastaba que me dijeran que tenía que aceptar una verdad incondicional, desterrando de ella toda duda, para que inmediatamente sintiera en el alma un cadillo de contradicción. Al igual que Fortunata en sus visitas a la capilla de las Micaelas, cuando iba a la capilla del Sagrado Corazón imaginaba que "la sagrada forma" también me respondía frases como: "No mires tanto este cerco de oro y piedras que me rodea, y mírame a Mí que soy la Verdad... Acéptala y no pidas imposibles." O quizá: "¿Crees que [las mujeres] están aquí para mandar, verbigracia, que se altere la ley de la sociedad sólo porque a una marmotona como tú se le antoje?" Y ése era precisamente mi problema: yo, marmotona de ocho o nueve años, quería lo imposible, que la "sagrada forma" (mis padres, los adultos, la sociedad) también me reconociera el derecho a mandar o, al menos, a que no me mandaran. Y con la música clásica me pasaba lo mismo que con la "sagrada forma". Con ella no se podía hablar, no había manera alguna de comunicarse, de responder a lo que se me estaba diciendo. Su hermosura era absoluta, contundente, total y, como si eso fuera poco, había sido toda compuesta por hombres: Beethoven, Chopin, Schumann, Liszt. La música clásica, como la "sagrada forma", le daba a los hombres el monopolio de la Verdad. Estaba muy bien ser Dios y hablarle a los feligreses desde el éxtasis que producían el fervor y la fe; pero cuando se estaba del otro lado del altar o del piano, del lado de las mujeres y de los niños, así como de los pecadores silenciosos de este mundo, la experiencia ya no parecía tan sublime.

La Alhambra quedaba cerca del Barrio de San Antón, el barrio donde nació la plena. Había sólo que tomar un camino vecinal que giraba a la derecha por una trocha de espesos árboles de quenepa y de mangó y, cruzando el cauce seco del Río Portugués, se estaba ya en San Antón. Casi se podía decir que San Antón colindaba con La Alhambra por la parte de abajo o por

la parte "de atrás", lo que resultaba adecuadamente sim-
bólico, ya que en San Antón tenía su establecimiento
Isabel la Negra, la prostituta más concurrida del pue-
blo, predilecta de muchos de los caballeros que resi-
dían en La Alhambra. De no ser por la glera pedregosa
del río, que abría una herida seca y polvorienta desde
el valle hasta el mar, los patios traseros de ambos ba-
rrios se hubiesen confundido en una misma vecindad.

Oí hablar por primera vez de Isabel la Negra por
aquellos años, y su nombre permanece enlazado en mi
memoria a los misterios de la sexualidad. Su casa se
encontraba construida con tablas de cajones de bacalao
y cajas de refresco, con techos de yaguas y planchas de
zinc, un poco más abajo del club. Era de difícil acceso,
por encontrarse al fondo de un laberinto de casas po-
bres que habían rescatado su terreno al río. Al cons-
truirse la autopista que circunvaló el pueblo en los años
cincuenta, sin embargo, San Antón quedó súbitamente
expuesto al mundo en toda su fealdad.

Yo solía pasar cerca de la casa de Isabel la Negra
de vez en cuando en bicicleta cuando me escapaba a la
vigilancia materna. El colegio de las madres quedaba
en la calle Isabel, aunque en este caso se trataba de
Isabel II la Reina de España, personaje preferido de
Valle Inclán, la misma que había donado los dineros
que hicieron posible la reconstrucción de las murallas
de El Morro y que también llevó una vida licenciosa,
poblada de primeros ministros que todos fueron de-
puestos luego de ser sus amantes. Quizá porque en
aquella época las monjas latinoamericanas que nos edu-
caban hacían hincapié en la historia de la reina españo-
la, cuando en las demás escuelas privadas de Ponce a
los niños sólo se les enseñaba la historia norteamerica-
na, en mi mente ambas Isabeles se confundían en una
sola, y se me hacía difícil distinguir cuál era cuál.

La casa de Isabel tenía varios árboles de mangó sembrados alrededor, y se encontraba pintada en unos tonos eléctricos de rojo, amarillo y azul, cubiertas las paredes de enormes mariposas surrealistas que contrastaban extrañamente con la pobreza de los alrededores. Recuerdo bien las mariposas porque desde niña había oído decir que traían mala suerte, y me sorprendió que Isabel se atreviese a desafiar el destino con tanta osadía. Recuerdo que allí se tocaba música de *night club* todo el tiempo, y que el Dancing Hall, un enorme galpón con techo de yaguas y pencas de palmas, vibraba a todas horas al ritmo agudo de los drones del calypso y de las congas del mambo. Desde mi bicicleta escudriñaba las tablillas de los Cadillacs, de los De Sotos y de los Packards que se encontraban estacionados frente a su puerta, para adivinar quiénes eran sus dueños. En los años cincuenta Ponce tenía 150 mil habitantes, y conjeturar quiénes visitaban a Isabel por la marca o la tablilla del carro no resultaba difícil.

No sentía ni admiración ni compasión por Isabel en aquel entonces, aunque sí una curiosidad intensa. Los muchachos de nuestro grupo la mencionaban a menudo entre risitas y gestos disimulados. Habían escrito su nombre junto al de Tongolele en tiza de colores brillantes por todas las aceras de La Alhambra, como poniendo a competir el talento insular con el continental. Tongolele era una *vedette* venezolana que llevaba un mechón de pelo blanco que le brotaba de la frente y le dividía en dos la sereta negra, ojos verdes de puma en celo y un cuerpo aceitado con leche de coco que se enroscaba lascivamente alrededor de todos los postes de teléfono. Pese a sus dotes musicales, sin embargo, Tongolele no podía competir con Isabel; o al menos así lo juraban mis amigos, quienes solían visitarla acompañados por sus padres, ya que gracias a ella, durante sus sesiones de baile, se aclaraban toda una serie de misterios que aparentemente eran muy importantes pero que nos estaban prohibidos a las niñas.

El nombre de Isabel se mencionaba también de vez en cuando en el convento, aunque allí su reputación era muy distinta a la que tenía en la calle. En aquella época las monjas solían acribillarnos a preguntas luego de cada fiesta, preguntándonos sobre nuestros pestillos y novios. Y al término de sus inquisiciones se encontraba siempre el nombre de Isabel, cuyo terrible destino había sido el resultado de una reputación sacrificada a los placeres de la carne.

Mi descubrimiento de las sensaciones eróticas en aquel tiempo me llevó a sentirme, en más de una ocasión, cómplice de Isabel la Negra en mi fantasía. Recuerdo haber pensado que si lo único que ella hacía era iniciar a los amigos que me acompañaban a los bailes, y contra los cuales yo competía en campechana camaradería en los juegos de baloncesto, beisbol y pista y campo del Club Deportivo, en esos misterios de la sexualidad que tan celosamente nos ocultaban a las niñas del colegio, no era la mitad de lo mala de como la pintaban las monjas.

El hecho de que, algunos años más tarde, Isabel la Negra llegase a convertirse en un personaje importante del mundo de los negocios dejó también en mí una impresión indeleble. La vi asistir en persona a varios remates de Ponce —en las casas de los hacendados cañeros arruinados, vestida siempre con un turbante floreado y palpitando sobre el pecho uno de sus abanicos antiguos— en los que sólo compraba los objetos más exquisitos y exóticos, como, por ejemplo, un par de estatuas nubias o *black-a-moors*, que, vestidos con *babushkas* y fajas de brocado terciadas al cinto, fueron a iluminar, con sus antorchas de cristal ahumado, los arcos de entrada del comedor de su nueva mansión. Muchos años más tarde, cuando luego de incontables donativos a la Iglesia católica, Isabel pasó a mejor vida y el obispo le negó sepultura en el Cementerio Católico de Ponce, mi admiración por ella fue en aumento.

De San Antón me llegaron también otras ráfagas musicales que sembraron en mi niñez la semilla de sentimientos anárquicos. Gilda, mi niñera, insistía en que su nombre se escribía con *g* y no con *h*, porque su padre la había nombrado así en honor de Gilda, la hija de Rigoletto.

Gilda no era rubia y blanca, como la heroína de Verdi, sino negra, alta y delgada. Era alegre y respondona: nunca se quedaba callada cuando mi madre le llamaba la atención por darme a comer Lindberghs, unos hielos deliciosos, hechos con jarabes de colores brillantes, que se pusieron de moda luego de la visita de ese aviador a la isla, y que se vendían por la calle Estrella en unos mugrosos carritos llenos de moscas.

Gilda había hecho su propia adaptación de la filosofía de Nietzsche, y le gustaba repetir solemnemente en aquellas ocasiones: "lo que no mata engorda", como si dijera "lo que no mata te hace más fuerte", mientras me entregaba con un guiño la golosina. Solía vestirse con trajes de algodón estampados de flores, y se ataba a la cabeza un turbante de la misma tela. Un día le pregunté en broma si aquella decoración era idea suya, o si trataba de copiar a la Aunt Jemima de la caja de *pancakes* y *waffles* que a raíz de la creciente influencia norteamericana habían invadido nuestra cocina. Me contestó muy seria que aquello no era una decoración; las mujeres de San Antón llevaban turbante porque así se les hacía más fácil cargar hasta su casa el agua en grandes latones de manteca sobre la cabeza. Con Gilda aprendí muchas cosas: que no a todo el mundo le bastaba con abrir la pluma para lavarse las manos, por ejemplo, y que no toda la música de este mundo era clásica y muda, sino que había otro tipo de música que no sólo le hablaba a uno, sino que permitía que uno le hablara de vuelta. Gracias a Gilda, en fin, aprendí que en los jardines de La Alhambra no vivíamos en California ni en España, sino en Latinoamérica.

Gilda descubrió dos maneras eficaces de aleccionarme sobre la historia. En primer lugar, comenzó a llevarme con ella al cine todos los sábados, cuando le tocaba su tarde libre. En vez de ir a la tanda *vermouth* del Fox Delicias, donde iba la gente amiga de mi familia y donde se presentaba *El templo de los dioses*, con Johnny Weissmuller, o *Al Este del Edén*, con James Dean, íbamos clandestinamente a lo que en mi casa llamaban "meaítos", al teatro Broadway y al teatro Habana, donde era necesario tomar la precaución de no sentarse debajo de la platea de a peseta por temor al escupitajo que podía descender lentamente sobre nuestras cabezas, grande y verde como una aguaviva en diciembre. Allí descubrí un mundo hasta entonces desconocido para mí: el mundo de María Félix, de Pedro Infante, de Agustín Lara, de José Alfredo Jiménez y de Jorge Negrete. Hasta ese momento estaba convencida de que el inglés era el idioma de todas las estrellas de cine, ya que hasta James Mason y Ava Gardner en *The Flying Dutchman* lo hablaban; y lo mismo hacían Clark Gable y Grace Kelly en *Mogambo*.

La predilección de Gilda por el cine mexicano la llevó a hacerme un álbum de estrellas muy especial. Recortaba de las páginas de *Vanidades* las imágenes de María Félix, de Libertad Lamarque y de Dolores del Río y juntas las adheríamos con engrudo de harina y agua a una libreta escolar con tapa de marmolina blanca y negra. Las uñas de María Félix, sobre todo, me obsesionaban, porque eran increíblemente largas y rojas. Mi madre no se hubiese nunca dejado crecer uñas así. Ninguna de las actrices de cine norteamericanas, como Doris Day o Grace Kelly, que ella siempre me ponía como ejemplo, porque eran finas, rubias y bien educadas, las llevaban así de largas. Y sin embargo, a mí me gustaban enormemente las uñas de María Félix, así como su sereta negra y alborotada, y la encontraba mucho más bonita que a las desaguadas actrices de Hollywood.

A las pocas semanas de ver mi primera película mexicana, Gilda sintonizó en la radio el domingo en la noche el programa de Quiñones Vidal, que pasaban por la WNEL, para escuchar el Noticiero Radial. Descubrí entonces que existía otro tipo de música, muy distinta de la que se tocaba en la sala de mi casa. Me volví fanática del programa de Quiñones Vidal y cantaba a todas horas del día por la casa los boleros de María Grever y de Pedro Vargas, los versos de *Júrame, Cuando vuelva a tu lado, Volveré, Por unos ojazos negros, Estrellita, Solamente una vez, Flores negras, Piénsalo bien, Noche de ronda, Ódiame* y *Ojos malvados.*

Pero la música popular latinoamericana fue sólo una de las puertas de la historia que Gilda me abrió. Poco después me abrió también la del Puerto Rico de entonces, marcado por la violencia, por la desesperanza, pero muchas veces también por la belleza y por el humor. Comenzamos a sintonizar en las noches, en otras estaciones de radio, "la voz" de Felipe Rodríguez. Felipe era un jibarito de Caguas, de bigote fino, pelo abrillantado con glostora, esmoquin ajustado y alquilado por hora, y una voz fañosa de "cacharro viejo" que tomó por aquel entonces a la isla por asalto. Se había hecho famoso cantando con su trío Los Antares, en el Palladium de Nueva York, y en 1950, cuando estalló la Guerra de Corea, se convirtió en el héroe nacional de los puertorriqueños que se embarcaban hacia allá diariamente. *La última copa*, un tango melancólico y nostálgico, se convirtió en el himno de las tropas con las que se formó el regimiento 65 de Infantería. Felipe cantó ese tango en todas las despedidas del mismo:

> Eche amigo, nomás écheme y llene
> hasta el borde la copa de champán,
> que esta noche de farra y alegría
> el dolor de mi alma quiero ahogar.
> Es la última farra de mi vida,
> de mi vida, muchachos, que se va,
> mejor dicho, se ha ido tras de ella
> que no supo mi amor nunca apreciar.

El tango no tenía gracia; la letra no podía compararse con la de *Júrame*, o con la de *Noche de ronda*, por ejemplo. Nada en él aludía directamente a la realidad de los puertorriqueños de entonces, pero en el verso "Es la última farra de mi vida, de mi vida, muchachos, que se va", estaba implícita la tragedia que significaba el embarcarse camino a una guerra asiática que no tenía nada que ver con ellos. Al tango *La última copa* de Felipe siguieron otras composiciones que se tocaban por la radio, y que aludían también a la Guerra de Corea. *Carta* de Daniel Santos y *Nuestro regimiento* de Bobby Capó, que había de convertirse en la *Marcha del 65*. No fue un acto históricamente gratuito el que, luego de la Guerra de Corea, el regimiento 65 de Infantería fuese rescindido y sus tropas adjudicadas a diversos regimientos del ejército norteamericano. Las composiciones que sintonizábamos en las noches por la radio hicieron que la Guerra de Corea traspusiera las tapias de bugambilia de mi casa y se volviera para mí una realidad innegable.

En los programas radiales de Quiñones Vidal se tocaban otras composiciones que aludían a la candente realidad de la época, como, por ejemplo, las plenas. La plena es un tipo de canción parecido al corrido mexicano, que tiene como función informar de un evento o noticia sensacionalista que incumbe al pueblo en general. A Gilda, por ser de San Antón, le encantaban las plenas y fue gracias a ella que escuché por primera vez *Mamita, llegó el obispo.*

1952 fue año de elecciones, y se dibujaba en el panorama una pugna cerrada entre el Partido Popular, que se encontraba en el poder, y el obispo de Ponce, monseñor Jaime Mac Manus. El obispo vivía también en La Alhambra, en una casa tipo cortijo español muy parecida a la nuestra, y decía misa todos los domingos en una capilla que se había hecho construir al lado de la misma. La casa, que había pertenecido antiguamente a los Oppenheimer, tenía una historia truculenta que rodeaba al obispo con un aura de hombre beatífico, que santificaba los lugares malditos y derramaba el bálsamo de la paz sobre los matrimonios atribulados. En ella tomó lugar una de las historias más negras de Ponce. Jorge Oppenheimer estaba casado con Rosina Sánchez, que había sido reina de carnaval y era renombrada por su belleza en el pueblo. Jorge se había ido de viaje y regresó inesperadamente a la casa, sorprendiendo a su esposa en brazos de un amante.

La sacó fuera de la cama a tirones, arrastrándola por el pasillo de losas rojas y las lujosas escaleras enrejadas, y la arrojó fuera de la casa, pegándole tres tiros por la espalda mientras la desgraciada corría despavorida por el jardín. Enfurecido por los celos, Jorge volvió entonces a subir las escaleras y ajustició en el balcón del rellano al desafortunado amante, suicidándose luego de un balazo en la sien.

Como consecuencia de esta tragedia, la casa de los Oppenheimer permaneció clausurada durante años, antro de vándalos y de maleantes, hasta que el obispo la compró y celebró en ella una misa de difuntos en la que le confirió públicamente la paz al alma de Jorge y de Rosina, a pesar de éste haberse suicidado y de ella ser una adúltera. Luego de la misa celebró un desayuno de Pascua Florida en la casa, durante el cual todo el pueblo de Ponce desfiló frente al exuberante balcón del crimen. Se comentaba *sotto voce* que aquel balcón, que Jorge Oppenheimer había mandado a copiar del que aparece en *Sunset Boulevard*, la película donde Gloria Swanson tiroteaba a William Holden por la espalda antes de caer en la piscina, había sido la verdadera causa de aquella tragedia, y el castigo de su soberbia. En memoria del hecho, y para probarle a los habitantes de La Alhambra que la sangre del adulterio había sido lavada para siempre de aquellos pisos, el obispo hizo construir en el jardín una capilla, decorada con unos murales al estilo de Diego Rivera, obra de Vela Zanetti, un pintor catalán que se había amancebado con una jíbara en las cercanías de las Tetas de Cayey. En ellos se representaban escenas "idílicas" del campo puertorriqueño, en las que aparecían jíbaros cortando caña, despalillando tabaco y recogiendo café. Pero como por aquella época Muñoz Marín acababa de llegar al poder con una plataforma de visos socialistas, gracias al voto de esos mismos jíbaros, a los feligreses de La Alhambra que acudían todos los domingos vestidos con sus mejores galas a oír la misa del obispo en la casa purificada de los Oppenheimer, aquellos murales les sabían a jarabe de ipecacuana. Pocos años después, tanto la casa del obispo como la capilla fueron arrasados para dar lugar a un lujoso reparto de apartamentos.

Mac Manus era un irlandés rubicundo y bien parecido que tenía muchos amigos en La Alhambra (en el pueblo le decían Marshmallow). Cuando celebraba misa en la capilla pronunciaba siempre sus sermones en inglés, porque sabía que lo entenderían perfectamente pero cuando oficiaba en la Catedral, que se encontraba en el pueblo, hablaba en un español "goleta" con mucho acento, de manera que lo que decía a menudo pasaba como zepelín por encima de la cabeza de los feligreses. Fue gracias a su iniciativa que se fundó la Universidad Católica de Ponce, y su actividad entre los pobres de la Playa de Ponce y otros arrabales fue siempre incansable. Aquel año, sin embargo, algunos meses antes de las elecciones, Mac Manus circuló una hoja suelta en la cual afirmaba que "el Partido Popular había sido enemigo de los ideales católicos por muchos años". Junto con monseñor Davis, el obispo de San Juan, le dio su apoyo al PAC, el Partido de Acción Católica. El escándalo se intensificó cuando Mac Manus pronunció un sermón en la Catedral afirmando que todo aquel que votara por el Partido Popular en las elecciones quedaría *ipso facto* excomulgado de la Iglesia católica. A pesar de que nunca se hizo pública la razón de Mac Manus para tomar esta decisión, en el pueblo y en La Alhambra se comentó que el obispo acusaba privadamente al gobernador don Luis Muñoz Marín de haber vivido en "concubinato" con su actual legítima esposa antes de casarse con ella por lo civil, razón por la cual no tenía la autoridad moral para ocupar la silla de la gobernación. Al gobernador, que se encontraba en aquel momento en busca de un *issue* con el cual darle ímpetu a su campaña de reelección, la denuncia de Mac Manus le cayó como una batata del cielo.

No bien se enteró de lo que sucedía en torno a Muñoz y al obispo, Gilda comenzó a revolver todas las noches con ahínco el botón de sintonía de nuestra radio. "Vas a ver lo que pasa", me decía, "aquí se va a

formar la tángana." Y así fue. A los pocos días, sintoni-
zamos por primera vez la plena *Mamita, llegó* el *obispo,*
cuya letra decía:

> Mamita, llegó el obispo,
> Mamita, llegó de Roma,
> Mamita, si tú lo vieras,
> ¡Qué cosa linda, qué cosa mona!
>
> Dicen que no bebe ron,
> Pero lo bebe por cuarterolas.
> Mamita, si tú lo vieras,
> ¡Qué cosa linda, qué cosa mona!
>
> El obispo juega topos,
> Se emborracha y se enamora,
> Mamita, si tú lo vieras,
> ¡Qué cosa linda, qué cosa mona!
>
> Y dicen las hermanitas
> Del Sagrado Corazón:
> "Muchachas: tengan cuidado:
> ¡Que ese obispo es un león!"

Como resultado de aquella plena, el Partido Popu-
lar ganó las elecciones por 400 mil votos, la mitad de la
población de la isla quedó excomulgada de la Iglesia
católica y algún tiempo después ordenaron al obispo
Mac Manus de regreso a los Estados Unidos.

Muchos años más tarde me casé y me fui de Pon-
ce, y perdí por completo el rastro de Gilda. No sé cómo
llegó a encontrarme, pero un día me fue a ver a mi casa
en la capital. Vestía el hábito blanco con cordón azul
atado a la cintura de los que llevan promesa y había
perdido su antigua lozanía, pero me trató con el cariño

de siempre. Me contó que se había casado y había tenido seis hijos, que su marido se había ido para Nueva York y que tenía ahora que luchar sola para criarlos y educarlos. Estaba, además, gravemente enferma. Le habían diagnosticado cáncer de pecho y necesitaba operarse. Cuando le ofrecí costear los gastos de la operación me aseguró que no era necesario, que en el hospital municipal, fundado durante la incumbencia del gobernador don Luis Muñoz Marín, la operarían sin costo alguno, pero que necesitaba pedirme un favor. Cuando le pregunté cuál era se rió con su risa fuerte de siempre, y echando hacia atrás la cabeza me dijo: "Quiero que le regale una campana a la iglesia de mi barrio de San Antón. Ya sabe lo mucho que me gusta la música y, si voy a tener que morirme, quiero hacerle saber a Dios que a la hora de mi muerte tampoco me quedé callada."

Cuando algunos meses después supe que Gilda había muerto, visité la iglesia de San Antón. Y mientras escuchaba tañer la campana le agradecí en silencio el haberme despertado en la niñez una conciencia musical que me llevó más tarde a contar la historia de mi pueblo.

Canes de mi corazón

Aunque no guardo retratos de mis perros, los llevo a todos claramente en la memoria como en un álbum familiar. De cada uno aprendí algo valioso.

El primer perro que recuerdo no lo conocí nunca, pero en casa se habló mucho de él. Fue un rothwilder precioso que le regalaron a mi padre en Venezuela. *Jefe* vivió feliz unos cortos años, y acabó sus días trágicamente. Un día le dio una infección de garrapatas y papá lo llevó a la central Merceditas, a las afueras de Ponce. En aquella época, cuando al ganado le daba garrapatas lo sumergían en un tanque lleno de un veneno verde. Papá arrojó a *Jefe* en el tanque de las vacas y por desgracia el rothwilder tragó parte del veneno y murió poco después. Fue una experiencia terrible, y todavía luego de muchos años a papá se le aguaban los ojos cuando recordaba el suceso. *Jefe* me enseñó que uno puede querer a los animales casi tanto como a las personas.

El primer perro que tuve fue una cachorra pointer. Se llamaba *Penny*, y una vez se subió a un banco de hierro que había en el patio y una pata se le quedó atrapada en un hueco. Empezó a chillar y corrí a ayudarla, pero en su dolor *Penny* no me reconoció y me mordió un tobillo. Aquella experiencia fue aleccionadora: lo que juzgué malagradecimiento era resultado del pánico. Aprendí que el dolor puede hacer cambiar a uno y que ante un dolor muy grande las perspectivas de la vida cambian, y hasta un amigo puede tornarse en enemigo.

Penny tuvo cachorritos y gracias a ella nunca le tuve miedo a los alumbramientos. Cuando sintió los dolores de parto se escondió debajo de un ranchón en el patio. Yo me arrastré detrás de ella y me quedé allí esperando hasta que la vi dar a luz siete perritos. Me quedé como en un trance, viendo cómo salían ensangrentados por debajo de su rabo y *Penny* los lamía tiernamente, hasta que por fin se comió la placenta. Los cachorros, completamente ciegos, encontraron sus tetitas y se pusieron a mamar. Desde entonces puedo reconocer el olor a perro recién nacido y todavía húmedo en cualquier parte del mundo.

Más o menos para esa misma época, tendría yo siete u ocho años, se murió *Fritzy*, la perrita dashund miniatura de una prima mía que vivía en la casa que colindaba con la nuestra. Mi prima y yo decidimos hacer un experimento. Nunca habíamos visto un muerto y queríamos ver lo que le pasaba. La enterramos en una caja de zapatos en el patio y al mes la desenterramos, llevándonos un tremendo susto al descubrir el cuerpo lleno de gusanos que hedía a demonios. Desde entonces veo la tierra con otros ojos, como una frazada piadosa debajo de la cual la vida se transforma.

Nos quedamos con dos de los siete cachorros de *Penny*, que crecieron y se hicieron unos hermosos pointers con manchas marrones y blancas. Para esa época mi hermano estaba estudiando en una escuela de Estados Unidos y tenía dos profesores que eran muy duros con él, Mr. Harvey y Mr. Fisher. Mamá, para hacer sentir bien a mi hermano, bautizó a nuestros pointers como *Mr. Harvey* y *Mr. Fisher*, y a todos nos daba una gran satisfacción verlos dormir en una caseta en el patio cuando llovía. Durante mis años de adolescente tuvimos también dos perras: *Melinda*, que era collie; y *Mefea*, que era bóxer. A ambas las queríamos por igual, sin que su aspecto estético fuera razón de preferencias.

Después de que me casé y me mudé a San Juan, tuve varios perros. El primero fue un labrador negro, y mis hijos lo bautizaron como *Lince*. Era un perro excelente; manso y leal. Le encantaba ir a la playa y se tiraba a nadar entre las olas más bravas sin miedo alguno. El único problema era que *Lince* nos quería demasiado y no soportaba que lo dejáramos solo. Cuando salíamos en carro a pasear, por más que cerráramos el portón, *Lince* se las arreglaba para brincar la verja y, al poco rato de estar conduciendo por Santurce, mirábamos hacia atrás y allí estaba *Lince*, con la lengua fuera y corriendo desesperado detrás de nosotros. Nos deteníamos y lo hacíamos subir al coche, pero un día no pudo alcanzarnos y se perdió en la ciudad. Nunca lo volvimos a ver.

Pitusa, una hermosa perra sata color ámbar y de hocico negro como la brea, fue la mejor perra guardiana que tuve. Mis hijos y yo la fuimos a buscar al refugio de animales. Los perros satos son siempre los más inteligentes, nunca se enferman y son leales hasta la muerte porque saben que les hemos salvado la vida. *Pitusa* abría la pluma del patio con el hocico cuando tenía sed, enterraba huesos sin destruir las plantas y nunca intentó brincar la verja para aventurarse donde no debía. Vivió mucho tiempo y se murió de vieja en casa.

Bengal, un akita que pesaba 140 libras y era jaspeado como un tigre de Bengala, fue el perro más hermoso que tuve y mi gran amor. Después de él nunca he querido tener otro perro; me pasa lo mismo que a esas solteronas que se enamoran locamente de un hombre guapísimo que un día las deja plantadas y ya no pueden volver a enamorarse. Lo adquirí en Georgia, cuando los akita eran todavía una rareza en Puerto Rico.

En el Japón a los akita los consideran deidades del hogar, y cuando mueren la gente cuelga su piel de la pared, para honrarlos después de muertos. Yo hubiera hecho lo mismo, a no ser porque *Bengal* desapareció un día y no me dejó de recuerdo ni un manojo de pelos.

Yo estaba divorciada por aquella época y *Bengal* sentía que su deber era protegerme. Llevaba a cabo su papel de varón de la casa a las mil maravillas. Cuando lo llevaba a la playa, se sentaba en la orilla, a cinco pies del agua, mientras yo me tiraba a nadar, y desde allí me velaba sin quitarme los ojos de encima. Bastaba que me alejara un poco mar afuera, se ponía de pie y empezaba a ladrar como desesperado, ordenándome que regresara.

Bengal fue el único perro que me animé a entrenar, y lo llevé al *parking* de Plaza Las Américas a coger clases de adiestramiento. En una ocasión, el entrenador estaba enseñando a los perros la orden de tenderse en tierra. *Bengal* obedeció enseguida al *sit*. Pero cuando le ordenaron *down*, que quería decir tenderse en tierra, no hubo manera de que obedeciera. El entrenador se enfadó con él y, para obligarlo a que se bajara, se arrodilló en el piso e inclinó todo su peso sobre la espalda de *Bengal*, que de pronto se viró boca arriba y le mostró los colmillos como una fiera. Yo me quedé de una pieza; no sabía que podía ser tan bravo. Me di cuenta de que había sido su orgullo y no su falta de comprensión lo que lo mantuvo inmóvil cuando todos los demás perros se tendieron humildemente sobre el asfalto cuan largos eran. Era un perro enorme y lo sabía; eso de hacer genuflexiones humillantes no era lo suyo. El entrenador, blanco como un papel, se alejó mascullando que no bregaría más con aquel perro. Yo me acerqué e incliné mi cuerpo suavemente sobre el suyo, susurrándole *down* al oído. Y *Bengal* inmediatamente estiró las patas y se tendió sobre el asfalto.

Aquella prueba de amor fue una de las muchas que *Bengal* me dio durante los años que vivimos juntos, pero un día tuve que emprender un viaje y lo dejé a cargo de una familia que se mudó a mi casa por un tiempo. *Bengal* seguramente se sintió abandonado y pensó que yo no volvería, porque hizo lo que nunca había hecho. Un día que el portón se quedó entreabierto, se escapó a la calle y desapareció para siempre. Y ese día aprendí que uno nunca debe dejar solo a quien ama, porque se corre el riesgo de que lo abandonen a uno.

Los peligros del diminutivo

No hay nada más cercano a nosotros que el nombre de pila, talismán poderoso que nuestros padres deberían escoger el día del bautizo con sumo cuidado. Cada nombre propio viene acompañado de una fuerza invisible, relacionada tanto con su significado como con aquellas personas que lo han llevado antes; por ejemplo, "Magdalena", el arrepentimiento; "Tomás", la duda; "Diana", la belleza fría e inaccesible.

Por otra parte, los nombres compuestos o inventados, favoritos hoy en Puerto Rico, denotan un ansia de romper con todo. Ser absolutamente originales es otra manera de hacer "borrón y cuenta nueva". Analisi, Noraida, Luzema, Alaira celebran el nacimiento de un ser sin antecedentes que puedan influir en su destino. "Alma nueva, patronímico nuevo", suelen afirmar estos nombres, al ofrecer otros caminos en la vida.

El sobrenombre es algo muy distinto. Es familiar, y a menudo secreto, asa o picaporte que nuestros parientes y amigos nos fijan a las espaldas de niños. Concha, Conchita, Conchitita, Conchitín, Tita, Titita, por ejemplo, son todos diminutivos del elegante y bautismal Concepción, que solemos descartar por ser muy largo, o porque sus pretensiones nos resultan incómodas. Maximiliano y Alejandro son imperiales, y los aplebeyamos en Maxi o Alex. El "apodo" ya lo dice claramente: viene de "podar", de recortar las ínfulas y rebajar el copete a una realidad más pedestre.

Cuando una persona nos llama por el apodo nos está agarrando por el lado oculto, por el que pocas personas conocen y que a lo mejor daríamos cualquier cosa por olvidar. Hay personas a quienes los saca de quicio.

"Yo no me llamo Falo, me llamo Rafael", exclamaba exasperado un amigo mío, mientras se arrancaba los pelos y fulminaba a sus compañeros de clase con la mirada. Lo llamábamos Falo por cariño y por costumbre; pero de pronto, un buen día, mi amigo se levantó de la cama convencido de que Falo era un insulto. Escucharlo renegar de su nombre en aquel tono sulfúrico nos daba tanta risa que en adelante siempre le dijimos Falo nada más que para mortificarlo.

La sospecha de que el sobrenombre no es producto del cariño sino de la burla, del sadismo que se oculta en un rincón del alma y se regodea con el ridículo, está siempre presente. Recuerdo a un señor de Ponce al que le entró la manía de que no quería que sus amistades lo llamaran Tito, el sobrenombre que había llevado por cincuenta años. Insistía que lo llamaran Juan Alberto, su nombre de pila, porque cuando lo llamaban Tito y le gritaban "¡Oye!" desde lejos, sonaba como si le dijeran "¡Oyetito!", y él no era ningún hoyetito. Treinta años después temió descubrir, en los ojos de otras personas, el rechazo y el desamor que no vio antes.

Las deformaciones causadas por la pronunciación incorrecta o abreviada del nombre son otra manera de adjudicarle calidad afectiva (o despectiva) al sobrenombre de la niñez. Esto sucede a menudo entre los hermanos. El mayor, amparándose en la lengua de trapo del menor, le adjudica como apodo despectivo el nombre que su hermano menor no puede pronunciar. De Isabel, por ejemplo, vienen Chabe y Chabela; de Luis, Guiso; de Francisco, Chico (o Chicote); de Fernando, Tato (o Pato); de Antonio, Toño; de Maruja, Cuca (que en otros países latinoamericanos es el órgano femenino); de Reynaldo, Poto (y eso, ya se sabe). Estos sobrenombres a veces subrayan el deseo de interpelar despectivamente a ese hermano menor que resiente, porque le ha quitado la falda, aunque también puede ser una expresión de cariño.

En la adolescencia, cuando entramos al campo de batalla de la escuela superior, o en las calles accidentadas de nuestro vecindario, nos enfrentamos a otro tipo de sobrenombre, el que tiene que ver con nuestros logros y habilidades en el mundo. Estallan entonces las competencias por el liderato pubescente, y aparecen esos maravillosos motes del salón de clase como Mediasucia, Carajeta, Sesohueco, Chupatintas, Comelibro; y los que se relacionan con el comportamiento sexual, como Mongo, Tontón, Conchudo, Malango, etcétera, entre los condiscípulos.

Las niñas puertorriqueñas, a diferencia de los niños, suelen enfrentarse casi siempre a los motes disminuyentes que les ponen sus padres, como Nena, Muñeca, Beba, Baby. Ciertos nombres dotados de ideología fueron comunes con las hijas en el pasado. Por ejemplo, Santiago Iglesias nombró a sus hijas Patria, República, Libertad, Estrella, Revolución, Justicia, etcétera; nombres que resultaba difícil conjugar en el diminutivo (imposible llamar a alguien "Revolucioncita"), y que no les permitía olvidar nunca la lucha política.

En cierto momento de nuestras vidas tenemos que escoger entre aceptar el apodo que nos adjudican nuestros padres o luchar para librarnos de él. Esto último resulta siempre bastante difícil. A mí, por ejemplo, me nombraron en honor a una abuela, Rosario, que nunca conocí porque murió en Cuba durante la guerra de independencia. Dudo que mis progenitores me hubiesen llamado así de haber adivinado lo importante que llegarían a ser las palabras "guerra" e "independencia" en mi vida años más tarde. Quizá por eso adjetivaron mi nombre con el diminutivo "ito", y de niña siempre me llamaron Rosarito.

No me importó que mis padres me dijeran Rosarito hasta que cumplí los 11 años, en 1949. Ese mismo verano viajamos a Europa por primera vez. Cuando llegamos a Florencia, papá quiso que un escultor me tallara un busto de piedra. Tuve que ir al estudio y posé durante varias horas. Al terminar, el viejo, que olía mal y no se había afeitado en varios días, le dijo a mi madre que tendrían que hacerme una foto para poder seguir trabajando en la escultura luego de nuestra partida al día siguiente. Nos llevó a un cuartucho que quedaba en un callejón cercano y le dijo a mamá que esperara afuera. Entonces me tomó de la mano y, llamándome *carina bamina*, me hizo subir por las escaleras. Me indicó que me sentara sobre un taburete y me ordenó que me quitara la ropa, porque tendrían que fotografiarme *nuda*. Me escabullí y bajé corriendo a buscar a mamá, antes de que pudiera ponerme la mano encima. Algunos meses después el busto, con el nombre Rosarito tallado en la base, llegó a nuestra casa de Ponce y allí permaneció por muchos años, recordándome los peligros del diminutivo.

Recuerdo claramente el primer día que le pedí a mi padre que dejara de llamarme Rosarito. Yo tenía 18 años y había asistido con mi familia a un banquete para recoger fondos para el Museo de Arte de Ponce en el Club Deportivo. Papá y yo estábamos entre las personas que formábamos la línea de recepción, y cada vez que llegaba alguien papá se volvía hacia nosotros y decía sonreído: "Ésta es mi esposa y ésta es mi hija, Rosarito." Para cuando había saludado a una docena de personas ya yo estaba harta. Antes de que papá pudiera volver a presentarme otra vez dije: "Me llamo Rosa-

rio, mucho gusto." Y estreché la mano del recién llega-
do. Papá se quedó mudo. Durante el resto de la noche
me presentó solemnemente como "mi hija, Rosario" y
yo me sentí horriblemente culpable.

En casa mamá nunca se había quejado de que la
llamaran por su diminutivo. No se le habría ocurrido
que el diminutivo pudiera empequeñecerla o desvir-
tuarla. Sabía que era una prueba de amor, de su fragili-
dad como mujer y de su necesidad de protección. El
rol de esposa implicaba impartir cariño, sensibilidad y
refinamiento al matrimonio. En las noches mamá toca-
ba el piano para distraer a papá, le leía sus poemas
favoritos y cuando él no tenía tiempo de leer libros
largos, ella los leía, se los resumía y los discutían juntos
durante horas. Pero nunca expresaba su opinión, ni en
público ni en privado. Ella era la esposa de papá, y eso
le bastaba.

Mi madre tenía una amiga que se llamaba Muñeca.
Cuando Muñeca se casó y tuvo una hija (ya habían
llegado los norteamericanos), le puso Dolly. Y cuando
Dolly se casó, le puso a su hija Dollicita. No me asom-
braría si la hija de Dollicita bautizara a *su* hija Pan-
tagruela, para librarse por fin del complejo de bibelot
que viene cargando desde hace años. El diminutivo en
Puerto Rico es símbolo de la identidad femenina: afir-
ma que la mujer pertenece a un grupo familiar especí-
fico, a un clan que la protege de la agresividad del
mundo.

En la isla, las mujeres suelen llegar a viejas a la som-
bra del diminutivo. Los varones, por el contrario, llevan
el apodo sólo durante la juventud o la soltería. Una vez
que se casan, pasan a ser la autoridad en el hogar y en
el negocio, y asumen nombres serios: Juanito se hace
don Juan, Geñito pasa a ser don Geño, Paquito se vuel-
ve don Francisco, presidentes de tales y cuales compa-

ñías. Un detalle curioso respecto de nuestra población masculina es su afán por resucitar, en las esquelas que aparecen el día del deceso, el apodo de la juventud: José (Coco) Martín; Ángel (Chuco) Rivero; Rafael (Felo) González, etcétera, "Descansa en paz". Es como si el apodo, que se hace invisible cuando se accede a las esferas de poder, reapareciera el día de las exequias para completar la identificación oficial.

Luego del banquete en el Club Deportivo me resigné por muchos años a ser Rosarito. Me casé en 1960 y tuve tres hijos. Durante diez años viví encerrada decorosamente en mi casa. Cuando en 1970 me divorcié, sin embargo, tuve que enfrentarme otra vez al "ito" que revoloteaba a mi alrededor. Yo era dos personas entonces. Una iba al periódico, escribía y salía a escondidas a todas partes con mis amigos. La otra se encerraba en su casa, cuidando a sus hijos, limpiando y cocinando. Pasaron los años, me casé tres veces y me volví a divorciar. Cuando mis hijos se graduaron de universidad y se fueron de casa, Rosarito se encontró con el nido vacío. Enfermó, palideció, bostezó. Casi no tenía energía para coger la sartén por el mango, ni para blandir la escoba. Rosario, por el contrario, estaba feliz porque al fin podía escribir, fumar y hacer el amor con quien le diera la gana.

Mamá murió en 1970. Estuvo enferma por muchos años pero el día de su muerte me cogió de sorpresa. Llegué a casa de mis padres justo en el momento en que ella acababa de expirar. Estaba tendida en la cama, y al acercarme sentí el silencio cernido a su alrededor como una mortaja. "Así que esto es la muerte", me dije, "este silencio impenetrable." Ahora ya mamá no tendría que guardar silencio cuando no estaba de acuerdo con papá; ahora se había callado para siempre. La habían arreglado, peinado y vestido, y parecía una misma jovencita tendida sobre la cama, sin una sola arruga en el rostro. De pronto sentí una ira inexplicable. Mamá estaba muerta y todavía era una niña. Estaba muerta y nunca había hablado. Qué cosa tan triste. ¡Qué imperdonable!

Al día siguiente del entierro de mamá empecé a escribir mi primer libro. Estoy convencida de que no lo hubiera hecho si mamá no hubiera muerto. Ese libro, *Papeles de Pandora,* fue un grito terrible, una declaración de guerra que afirmaba mi derecho a ser dueña de mi cuerpo y a expresar mis opiniones. Y por supuesto, lo publiqué bajo el nombre de mi abuela Rosario, la de la Revolución Cubana.

Las madres kamikaze

Las mujeres de los sesenta nos casamos y tuvimos nuestros hijos sin pensarlo mucho. Tener un hijo es como balancearse en un trapecio o caminar sobre la cuerda floja: si uno lo piensa mucho, no lo hace. Éramos, es cierto, más ignorantes y no estábamos tan bien preparadas como las mujeres de los noventa. La mayoría de las carreras —medicina, arquitectura, ingeniería, periodismo— estaban aún fuera de nuestro alcance.

Gracias a Hollywood, nuestra generación fue la Gran Generación Romántica. En las películas norteamericanas aprendimos que las mujeres podíamos ser sexualmente tan activas como los hombres, pero esa libertad no era más que en celuloide. En realidad, nuestra vida había cambiado poco desde la época de nuestras abuelas. No podíamos ir solas a ninguna parte, y aunque estudiamos en la universidad, no se esperaba que trabajáramos fuera de la casa. La educación era un atributo que nos hacía más atractivas, algo así como un vestido de moda o llevar la cabellera recortada y bien cuidada.

Quizá gracias a la influencia del cine, le hicimos más caso a las hormonas que lo que le habían hecho nuestras madres. Cuando nos casábamos, ninguna de nosotras estaba segura de lo que quería ser, pero sabíamos definitivamente lo que queríamos tener: un hombre que nos hiciera sentir que éramos mujeres. Precisamente porque no podíamos dedicarnos a tareas que estimularan nuestra inteligencia, el sexo ocupaba nuestros pensamientos gran parte del tiempo. Lavar, planchar y cocinar se hicieron trabajos aún más aburridos luego de que adquirimos una educación universitaria. Para las mujeres que nos precedieron, cuya mayoría no estudiaba más allá de escuela superior, las tareas del hogar no resultaban tan onerosas. Pero una vez que aprendimos a pensar, era imposible dejar de hacerlo. Y eso fue precisamente lo que se nos requirió: que después de leer a Platón, estudiar a Lavoisier y a Madame Curie, utilizáramos nuestros conocimientos para cocinar, lavar y planchar. La oposición de nuestros abuelos a que nuestras abuelas se educaran tenía, después de todo, una explicación sensata. La ignorancia era un buen seguro para que las esposas no se rebelaran.

A las mujeres de los sesenta nos habían dado la llave de la puerta: la educación, pero la cerradura estaba aún fuera de nuestro alcance. En Puerto Rico muchas jóvenes de posición desahogada estudiamos en los Estados Unidos, donde disfrutábamos de una libertad que se esfumaba en cuanto pisábamos la isla. El sexo era un juego mortal; no existía la píldora, y ninguna joven de buena familia se hubiera atrevido a visitar a un ginecólogo y pedirle que le pusiera un diafragma o le facilitara media docena de condones. Era la época de *Cat on a Hot Tin Roof, From Here to Eternity, Streetcar Named Desire, Butterfield Eight*. Este tipo de películas, así como la música de Elvis Presley, romantizaban el sexo como parte del desafío a la sociedad en todos los órdenes. El resultado de esto fue una actitud de piloto kamikaze entre las jóvenes de mi generación cuando del matrimonio se trataba. Si no podíamos ser independientes ni tener una carrera, por lo menos el sexo dentro del matrimonio estaba a nuestro alcance. Yo fui una de aquellas jóvenes que se tiraron de cabeza al matrimonio como una piloto kamikaze. Me casé a los 21, y a los 24 ya había tenido tres hijos.

Durante los sesenta un mito común era que, debido a nuestro físico, las mujeres estábamos más cerca de la naturaleza que los hombres, y que la intuición era nuestra forma especial de inteligencia. El pensamiento racional era territorio de los hombres y, desgraciadamente, desde la ciencia hasta la historia, casi todas las materias que adelantaban el conocimiento necesitaban de él. A la intuición pertenecían cosas como el arte, la música y la literatura, bonitas pero poco prácticas.

Aunque este argumento ya estaba presente durante los años veinte, cuando nuestras abuelas eran jóvenes y empezaban a husmear la posibilidad de libertad por medio de la educación universitaria, los científicos —desde Freud hasta Jung— se apresuraron a convencernos de lo contrario. Freud con su consabida cantaleta de que las mujeres envidiábamos el pene del hombre y Jung porque estaba convencido de que la maternidad era consustancial al pensamiento femenino.

Uno de los argumentos más populares de los críticos literarios que comentaron la poesía de Delmira Agustini a comienzos de siglo, por ejemplo, era que tenía una gran intuición. Sólo así podía haber escrito unos versos empapados de cultura universal y técnicamente perfectos, y no porque hubiera estudiado. Delmira se quedó callada y poco después se suicidó. Que digan que nuestra inteligencia es intuitiva en el mundo competitivo y profesional de hoy es un insulto que ninguna mujer aguantaría. Las mujeres del presente *saben* que son intelectualmente iguales que los hombres, no necesitan que nadie se lo diga.

Y sin embargo, la realidad biológica no se puede negar, y salir encinta hoy sigue siendo para la mujer un dilema tan difícil como lo fue para nosotras. Significa renunciar al control del propio cuerpo; ponerse en manos, primero, de la naturaleza, y luego del médico. Dar a luz tiene bastante en común con la muerte: uno tiene que dejarse ir y aceptar lo que viene. La experiencia hace madurar a uno, lo obliga a meditar sobre el sentido de la vida. El hecho de que los hombres nunca pasan por esta experiencia es algo profundamente preocupante. Posiblemente no serían los mismos si tuvieran que dar a luz a la vida, de cara a la muerte. Quizá no habría más guerras y habría menos injusticias. Que la mujer sea la única que puede dar a luz a un ser humano es, en mi opinión, uno de los errores inexplicables de la naturaleza.

Durante los sesenta los hombres no compartían la crianza de los niños; las mujeres teníamos que lavar los pañales y esterilizar las botellas, levantarnos tres y cuatro veces en la noche a darle la leche al bebé. En los sesenta no solíamos por lo general darle el pecho a los hijos, como solían hacerlo nuestras abuelas y muchas madres jóvenes. Éramos de la generación de Marilyn y de Sofía Loren, y los senos eran símbolos sexuales que se asociaban con el aparato alimenticio sólo en segundo lugar. Eran para exhibirse en escotes rodeados de encajes y tules.

La segregación de los hombres de las tareas maternales también era cruel. Cuando regresé a casa con mi primer bebé, mi esposo no se atrevió a levantarlo de la cuna. Le aterraba su fragilidad; la segregación entre el rol de la mujer y el del hombre según la cual lo habían criado lo hacía sentir como un marciano ante todo aquello. Los niños jugaban pelota, iban de excursión o corrían en maratones. Las niñas jugábamos a las muñecas y cuidábamos bebés de embuste.

Pero un recién nacido de carne y hueso es algo muy frágil. Yo era la más joven en casa y a mí también me daba miedo cogerlo al hombro, pero no me quedó más remedio. Tenía que bañarlo, alimentarlo y darle las medicinas si se enfermaba. De pronto, del paraíso del sexo pasamos al mundo del insomnio, de los cólicos incomprensibles que no sabíamos cómo consolar, de la caca y de los pañales meados. Si el estoicismo ante el dolor fue la primera lección kamikaze, la paciencia fue la segunda.

Hoy todo esto afortunadamente ha cambiado. Las madres tienen un acercamiento más próximo al bebé gracias a la lactancia. Y los esposos ayudan a cambiar pañales, calientan las botellas y hasta cargan al bebé cuando grita porque le duele algo o tiene hambre. También se turnan para alimentar al recién nacido en la noche, y los biberones se dan en relevo para que ambos puedan dormir. Pero cuando llega el momento de tener que separarse del niño para regresar al trabajo, una vez que se vencen los dos meses de licencia con sueldo, a muchas madres se les hace imposible tomar la decisión. Su sentimiento de culpa al dejar al niño en manos extrañas o en un *day care center* es demasiado grande, y prefieren renunciar a la profesión o ponerla en *hold*. Esta decisión difícil siempre le toca a la madre, nunca al padre, aunque ambos tengan empleos importantes y productivos. Cuando hay que escoger entre el trabajo y los hijos, es la mujer la que tiene que sacrificarse. Por esto las jóvenes hoy día lo piensan dos veces antes de tenerlos.

La biología nos obliga a sacrificarnos más que el hombre para sustentar la vida. Somos nosotras las que tenemos que cargar al niño dentro del sobre de nuestros cuerpos antes de que nazca, y traerlo al mundo. El dolor y la paciencia son el precio que tenemos que pagar para lograrlo, pero esto también nos da una gran fortaleza. Las mujeres luchamos hoy por lograr ambas cosas: ser madres y profesionales; contribuir con nuestra inteligencia a dirigir y a dar a luz al mundo.

El oro de Colón

El viernes 20 de diciembre de 1992 entraron a la bahía de San Juan de Puerto Rico por la boca del fuerte de San Felipe del Morro las réplicas de las tres carabelas de Cristóbal Colón. El espectáculo marcó el punto de partida de la celebración oficial del Quinto Centenario del Descubrimiento de América. Colón pisó por primera y única vez la isla en 1493, durante su segundo viaje. Llegó con la *Pinta* y la *Niña* (la *Santa María* se había hundido en el primer viaje, luego de encallar en las costas de la Hispanola, hoy Santo Domingo) y 17 barcos más, que traían animales, provisiones y más de mil personas —entre ellas un buen número de presos y delincuentes— para dar inicio a la colonización.

Ya para 1540 los indios taínos de Puerto Rico habían sido exterminados casi por completo. Se cree que en el curso de 47 años murieron más de 40 mil indios a consecuencia de las guerras, el trabajo brutal de las minas y los asaltos nocturnos de los españoles contra las aldeas indígenas, en busca de más trabajadores y esclavos. "No se puede hablar de convivencia entre la cultura española y la taína durante aquellos años", dice el historiador Jalil Sued Badillo. "Nunca hubo convivencia." Durante el siglo XVI el trabajo de los indios generó 4 millones de pesos en las minas de oro de Puerto Rico, varias de ellas en El Yunque. Los indios le cogieron tal odio al oro, metal que para ellos no había sido otra cosa que un elemento decorativo, que como cogiesen prisionero a un español, lo ajusticiaban echándole oro derretido por la boca con un embudo.

El diario de Colón. Libro de la primera navegación y descubrimiento de las Indias, escrito durante su primer viaje (1492), da fe de la sed de oro de los españoles. El Almirante participaba de esa sed, aunque prefiero pensar que no la sufría para el enriquecimiento propio, sino porque tenía a la reina Isabel como su prestamista, y eso de tener a una mujer que ha empeñado sus joyas tratando de cobrarle el préstamo debió ser una experiencia terrible. La reina era muy buena comerciante, y a su vez necesitaba dinero para financiar su campaña contra los moros de Granada y acabar de barrerlos del sur de España. El viaje de Colón fue en el fondo una *high risk investment*, una apuesta comercial de Isabel la Católica, que esperaba sin duda sacar de América mucho más oro que el que le prestó a Colón. Y no se equivocaba. La reina probablemente hubiese sido muy buena inversionista en la bolsa de valores.

Si se hiciera un recuento de cuál es la palabra utilizada con más frecuencia por el Gran Almirante en sus cartas, ésta es sin duda la palabra "oro". La impresión que dan estas misivas es a veces la de un hombre desesperado, que sabe que no puede regresar a España con las manos vacías porque peligraría su carrera y quizá hasta su cabeza.

Veamos algunos ejemplos de ellas:

[Folio #16] Algunos de ellos [los taínos] traían pedazos de oro colgados de la nariz, el cual de buena gana daban por un cascabel y por cuentecillas de vidrio.

[Folio #22] Sin duda en estas tierras hay grandísimas sumas de oro [...] Hay en estas islas lugares donde cavan el oro y lo traen al pescuezo, a las orejas y a los brazos y en las piernas... y también hay piedras preciosas.

[Folio # 44] Nuestro Señor me aderece, por su piedad, que halle este oro, digo su mina, que hartos tengo aquí que dicen que ellos saben dónde se encuentra.

[Folio #52] Y dice aquí el Almirante que recató la carabela mucho oro, que por un cabo de agujeta le daban buenos pedazos de oro del tamaño de dos dedos y a veces como la mano, y llevaba el Martín Alonso la mitad y la otra mitad se repartía por la gente.

[Folio #52] También diz que supo que detrás de la isla Juana, de la parte del Sur, hay otra isla grande, en que hay muy mayor cantidad de oro que en ésta, en tanto que cogían los pedazos mayores que habas, y en la isla Española se cogían los pedazos de oro de las minas como granos de trigo.

Colón desembarcó por la costa oeste de Puerto Rico, supuestamente por el pueblo de Aguada, cerca del río Culebrillas. El lugar preciso del desembarco ha sido objeto de un debate candente durante más de cincuenta años. El historiador don Salvador Tió ha escrito extensamente sobre el tema, aunque todavía no se sabe a ciencia cierta por dónde fue, ya que se trató más bien de un corto reconocimiento. El pueblo formuló un dicho popular alrededor del suceso, sin embargo, relacionado con la mala suerte que significó en la isla por más de cuatro siglos el haber sido pisado por Colón. Cuando a un puertorriqueño le pisan los callos, suele decir: "¡Coño! ¡Más abajo pisó Colón!"

Luis Lloréns Torres dio una visión muy distinta del desembarco. En la "Canción de las Antillas" dice lo siguiente:

¡Somos grandes! En la historia y en la raza.
En la tenue luz aquella que al temblar sobre
   las olas
dijo: "¡tierra!" en las naos españolas.
Y más grandes, porque aquí
se conocieron los dos mundos, y los Andes
aplaudieron la oración de Guanahaní.
Somos la epopeya de Pinzón,
la leyenda áurea del pasado fulgente;
en los cármenes de Cuba
la epopeya de la sangre, la leyenda del presente
de la estrella en campo rojo sobre franja de zafir;
y en los valles de Borinquen
la leyenda del trabajo omnipotente,
la leyenda sin color del porvenir.

¿Fue el descubrimiento un atropello o un encuentro positivo de dos mundos, América y España? Entre ambas actitudes, la criolla que expresa el dicho popular sobre Colón y la españolizante del poema de Lloréns, oscila hoy la opinión pública en Puerto Rico.

Cualquier símbolo que nos remita a revivir los mitos es importante, y en la civilización occidental existen pocos símbolos tan poderosos como el de las carabelas de Colón. Acerca de ellas se han escrito cientos de poemas, ensayos y novelas. Como evidencia el poema de Lloréns Torres, que es lectura requerida para todos los estudiantes de escuela elemental en Puerto Rico, las naves están presentes en nuestro subconsciente desde la niñez. Tienen que ver con la imagen que tenemos de nosotros mismos, como descendientes de aquellos hombres y mujeres que prefirieron jugárselo todo por la aventura del descubrimiento.

Hay siempre algo de hijo pródigo en el que se va, y aún más cuando ese hijo nunca regresa. Nosotros somos descendientes de los que se fueron de casa porque no soportaban el *statu quo* o porque soñaban con el caldero de monedas de oro al final del arco iris. Decir que uno es americano, descendiente de los que abandonaron el viejo y caduco mundo europeo en las naves de Colón, guarda por eso una resonancia de rebeldía y de juventud, a pesar de que han pasado ya quinientos años.

Las réplicas de las embarcaciones: la nao *Santa María* y las carabelas la *Pinta* y la *Niña*, despedidas por el príncipe Felipe del puerto de Palos en Huelva el 12 de octubre de 1990, hicieron alto en Islas Canarias y salieron de la isla Gomera el 15 de noviembre, para una travesía de catorce mil millas a través del Océano Atlántico y llegar a San Juan el 20 de diciembre. Al salir de San Juan, las carabelas estarán de viaje por año y medio, durante el cual visitarán 22 puertos diferentes.

La idea es un golpe de propaganda genial para la nueva España pujante, en el Mercado Común Europeo, que tiene en pie una segunda conquista de los mercados latinoamericanos.

Las naves son sorprendentemente navegables. Al llegar a Puerto Rico se adelantaron; llegaron a la bahía de San Juan cuatro días antes de lo previsto. La travesía reprodujo la ruta que siguió Cristóbal Colón en su primer viaje, entre agosto y octubre de 1492. Construidas con roble y pinos de Segovia, las carabelas guardan el color original de la madera, como si se tratara de tres muebles antiguos a flote sobre el agua. Al verlas entrar al puerto su pequeñez, su vulnerabilidad, aun en un día de sol y de buen brisote, resultaban conmovedoras. Parecían tres cáscaras de nuez, a la merced de cualquier ventarrón que barriera el Atlántico. La *Santa María*, la más grande y una réplica de la nao en la que navegaba Colón personalmente, era la más lenta; la *Niña*, de poca altura y de tamaño grácil y delicado, la más "molinera" y fácil de hacer girar y adelantar contra el viento; y la *Pinta*, la menos grácil y engañosamente parecida a un cajón, la más veloz. "El viento fue generoso y la travesía muy buena, a pesar de que estos barcos se mueven mucho", dijo Pablo Medina, el contramaestre de la *Santa María* al ser entrevistado por la prensa.

Las carabelas atracaron en el muelle 4, recientemente inaugurado por el gobierno para recibir a los trasatlánticos de la Princess, de la Nordic y de la Costa Line. Se trata de un hermoso muelle *art deco*, con una larga galería de pilares rosados sosteniendo en alto un techo de pirámides blancas y con piso de adoquines azules, donde aguardaba la llegada de las carabelas el comité del gobernador. Veintiún cañonazos desde los bastiones de San Felipe del Morro y una nube de palomas asustadas saludaron la llegada de las naves. La escena era sin duda idílica: una docena de carritos de helado —coco, parcha, piña— sonaban sus campanillas y le daban al suceso un ambiente de feria, y el gobierno había repartido banderines de Puerto Rico por todas partes. Los marineros españoles, barbudos y peludos y vestidos a la usanza de la época (shorts de lona amarrados a la cintura con sogas o correas rústicas, cuchillos al cinto, etcétera), formaron filas sobre los mástiles y las barandillas de los navíos, y ofrecieron un espectáculo sumamente atractivo para las borinqueñas del puerto.

En el muelle se encontraba un nutrido grupo de ciudadanos a la expectativa. Amenizaron el momento los gaiteros del Centro Gallego de la capital, así como dos tipos de bomba: la artística de la familia Cepeda y la bomba caliente de un piquete, rodeado por agentes de la Fuerza de Choque. Organizadores del Comité Puertorriqueño 500 años de Resistencia y una veintena de simpatizantes, entre ellos miembros del Taller de Educación Alternativa, así como miembros de la FUPI (Federación Universitaria Pro Independencia de la isla), se vistieron con camisetas negras y llevaban en alto banderas negras con una calavera blanca pintada encima. "¡Las carabelas del descubrimiento o las calaveras de la muerte!", gritaban. También tocaban panderetas y tambores, pero no para amenizar, sino para interrumpir los discursos políticos.

"¡Cinco siglos celebrando, los recursos explotando!" "¡Cinco siglos de exterminio, opresión y genocidio!" "¡De un Colón a otro Colón, sufrimiento y represión!" Como no podían acercarse a los barcos, los huelguistas quemaron la bandera española a la entrada del muelle. "Esto es una protesta por la ocupación de Puerto Rico, tanto por la española como por la norteamericana", dijo Irma Iranzo, una de dos hermanas de padre español que quemó la bandera. "Queríamos quemar también la bandera norteamericana, pero no encontramos ninguna", dijo. El espectáculo absurdo de un agente uniformado amenazando con una pistola a una manifestante indefensa para meterla en el vehículo de la policía da fe de hasta qué punto el desembarco sigue incendiando los ánimos en la isla.

Al puertorriqueño de hoy no le importa tanto el "de dónde venimos" como el "para dónde vamos". Y por eso, aunque la llegada de la réplica de las tres carabelas de Colón a San Juan fue un evento importante para el pueblo puertorriqueño, quizá no lo fue tanto como algunos pensaban que lo sería. El puertorriqueño de hoy tiene muy presente que hay que darle al César lo que es del César, y a Dios lo que es de Dios; y lo mismo tendrá que hacer con el "oro de Colón".

Tres versiones del desembarco

Este año se cumplen cien años del desembarco de los americanos. En Ponce, los hijos de ingleses, alemanes, corsos y franceses celebraron con bombos y platillos su llegada. Estaban convencidos de que los americanos traerían, además de los últimos inventos de la ciencia, el sistema político de asociación y la habilidad de formular contratos en pro del bien común, lo que le había permitido a los Estados Unidos desarrollar un sistema de gobierno democrático. Acabarían por fin con el atraso y el absolutismo bárbaro que los españoles le habían legado a la isla. Ponce había sido un pueblo rebelde durante todo el siglo XIX; allí se habían celebrado a menudo los Compontes, castigos con que los españoles metían en cintura a los ciudadanos que simpatizaban con la independencia, que iban desde meterles astillas debajo de las uñas hasta quemarles los párpados con tizones encendidos.

Nelson A. Miles, el comandante en jefe del ejército norteamericano, era un general imponente, de pecho de tonel de barco y grandes bigotes de león marino. Antes de venir a Puerto Rico, Miles había peleado en la Guerra Civil, y dirigió varias campañas contra los indios en el oeste de los Estados Unidos —de ahí su apodo *Indian Fighter*—. Estuvo también a la cabeza de la toma de Santiago de Cuba, que cayó el 27 de julio luego de un conflicto sangriento. Miles zarpó a todo vapor hacia Puerto

Rico —el objetivo "número dos" en sus planes—. El 25 de julio de 1898 comandó personalmente el desembarco del *Gloucester*, el antiguo yate del millonario J. Pierpont Morgan, armado como cañonero, por el puerto de Guánica. El 27 de julio el *Dixie*, el *Annapolis* y el *Wasp* se dirigieron hacia Ponce, y se estacionaron frente al puerto de la Playa. Como hicieron seis años más tarde en Panamá, cuando lograron que el istmo se independizara del resto de la nación, a los americanos no les fue necesario disparar un solo cañonazo contra la ciudad. Sencillamente enfilaron la artillería contra ella y lo demás siguió como resultado inevitable.

El general Miles era un militar avezado y un político hábil. Tenía 59 años cuando se embarcó hacia Puerto Rico, y había tenido también a su cargo la disposición de la expedición a Cuba, cuyo desenlace sangriento quería evitar a toda costa en la isla vecina. Por eso, cuando se encontraba camino a Puerto Rico, cambió en alta mar el destino del desembarco, que había de efectuarse originalmente al este, por el puerto de Fajardo. Los españoles se tragaron su finta de león viejo, y el desembarco por Guánica los tomó completamente de sorpresa. Miles se había asesorado con un espía llamado Whitney, que había reconocido todas las circunstancias de la isla sin ser apresado por las autoridades. Whitney lo había enterado del desafecto que los habitantes de la costa sur, en especial los de Ponce, sentían hacia España, y Miles decidió contar con su apoyo. En efecto, desde que pusieron pie en la costa sur, los norteamericanos tuvieron el apoyo de la población, que les indicaba las rutas, les proveía abastecimientos y les facilitaba lugares para acampar.

Hay tres versiones de la campaña del desembarco. La versión oficial, la de los militares, afirma que el éxito de la invasión se debió al genio militar del general Nelson A. Miles, a su organización minuciosa y a su sabiduría al adoptar la ruta de "envolvimiento" del enemigo por la puerta de atrás —la bahía de Guánica estaba completamente desprotegida— que evitó una confrontación bélica con las tropas españolas en la capital. Richard Harding Davis, un corresponsal de la época, escribió al respecto:

> En comparación con la pesadilla de Santiago de Cuba, la campaña de Puerto Rico fue una fiesta de flores... una merienda campestre... El comandante en jefe no permitió que fuera de otra manera... La razón por la cual el toro español le dio a nuestros hombres en Cuba una cornada, mientras que en Puerto Rico no logró tocarlos, es porque Miles era un matador experto.

El parte oficial del general Miles, por otro lado, en el cual daba cuenta de la toma de Ponce y de su puerto, fue testimonio de su optimismo:

> Éste es un próspero y bello país. Pronto entrará el ejército en la región montañosa; clima delicioso, tropas en el mejor estado de salud y espíritu; anticipo que no encontraré obstáculos invencibles en lo futuro. Hasta ahora todo se ha hecho sin la pérdida de un solo hombre.

El optimismo se hizo aún más evidente cuando se supo que las tropas españolas se habían atrincherado precisamente en la región montañosa a la que alude Miles, a las afueras del pueblo de Aibonito, donde hubiese tomado lugar sin duda una batalla sangrienta entre españoles y norteamericanos a no ser porque España firmó una tregua pocos días después del desembarco.

La segunda versión del desembarco le da crédito a los puertorriqueños por el éxito del mismo, y asegura que la campaña de Puerto Rico fue un espectáculo de feria, un picnic acompañado a menudo por música de *ragtime*. La guerra había durado exactamente dos semanas, dejando un saldo de cuatro muertos y cuarenta heridos entre los norteamericanos. La gente vitoreaba y se abrazaba a los soldados gritando: "¡Viva América, viva América!" Cuando las tropas norteamericanas entraron a Ponce lo hicieron cantando *The Star Spangled Banner*, pero terminaron tocando *There is a Hot Time in the Old Town Tonight* con los instrumentos de música abandonados por la banda militar española. Por todas partes los habitantes los recibían con humeantes calderos de arroz con pollo, mientras las muchachas del pueblo desplegaban a Old Glory desde los balcones. Los Estados Unidos necesitaban desesperadamente una campaña como aquella, victoriosa y sin grandes riesgos, que no sólo capturara la imaginación del pueblo, sino que ayudara a sanar las heridas de la Guerra Civil, que todavía dividían a la nación con resentimientos ocultos. La invasión de Puerto Rico fue parte de ese pintoresco espectáculo.

Carl Sandburg, el famoso poeta norteamericano nacido en Illinois, se encontraba entre los jóvenes voluntarios de la compañía C del Sexto Regimiento. Tenía entonces 20 años, y en su libro de memorias, *Always the Young Stranger,* nos ofrece una tercera versión del desembarco, que resulta hoy quizá la más interesante. Sandburg fue un escritor de visos socialistas, y en sus comentarios se vislumbra cierta burla hacia el poderoso general Miles, quien pretendió hacer del desembarco una gesta épica cuando en realidad había sido un golpe propagandístico, dirigido a aplacar la sed de revancha que había despertado en los Estados Unidos el desastre de Cuba, donde habían muerto miles de soldados a causa de la malaria y del fuego encarnizado de los españoles.

Dice Sandburg en sus memorias:

> El fango y los mosquitos no pueden confundirse con las rosas y las pascuas, ni puede llamársele una fiesta a dormir bajo la lluvia y marchar con un calor de horno cargando cincuenta libras a la espalda. Son pocos los picnics en los cuales se comen habichuelas de lata y carne seca, se bebe whisky Caballo Rojo, y uno tiene que quitarse la camisa para matarse las chinches.

¿Cuál de las tres versiones del desembarco será la verdadera? Probablemente haya algo de verdad en cada una.

La torre del homenaje

La Fortaleza —la Real Fuerza o La Fuerza Vieja, como también se le conoció en el pasado— ha constituido un lugar simbólico para los puertorriqueños desde hace más de quinientos años. Construida entre 1532 y 1540, se relaciona con los orígenes mismos de nuestra historia, así como con nuestro concepto de identidad. En el asiento del poder, la casa fuerte del gobernador, se materializa el mandato que nuestro pueblo le confiere para gobernar.

En La Fortaleza hay un lugar simbólico: la Torre del Homenaje. Se trata de una torre circular al noroeste, desde la cual el gobernador del castillo juraba guardar fidelidad y luchar con valor para defender la ciudad en momentos de peligro. Esto nos indica que, desde tiempos de España, La Fortaleza no era solamente un lugar; implicaba también honestidad, firmeza y valor, virtudes que debían caracterizar al primer mandatario. Éste debía funcionar estrechamente unido a su pueblo, como un solo cuerpo, a pesar de que la mayoría de los criollos gobernados no eran ciudadanos españoles.

La Fortaleza tiene también otro nombre menos conocido: Santa Catalina, que honra el valor e integridad de la mujer. Santa Catalina fue martirizada por el emperador romano Maximino en el año 302, por no abjurar de su fe cristiana. Era una mujer sabia; se había leído todos los libros de la biblioteca de Alejandría en

Egipto, y fue condenada a la rueda del martirio. El cuadro de Santa Catalina que está en La Fortaleza data del tiempo de los gobernadores españoles y conmemora este evento.

En sus orígenes, La Fortaleza fue un simple fortín de piedra en forma de cubo, al estilo de los castillos medievales europeos. Estaba dotado de artillería y le proveía albergue a un destacamento militar. Se construyó al suroeste de la Bahía para ofrecerle protección a los vecinos de San Juan ante los feroces ataques de los indios caribeños y de los corsarios franceses e ingleses que merodeaban las costas de la isla. En esa época San Juan tenía alrededor de 500 habitantes y 150 casas, que se apiñaban unas junto a otras, vecinas a La Fortaleza y a la casa fuerte de Juan Ponce de León. A estos dos edificios, así como al convento de los Dominicos, corrían a guarecerse los vecinos durante los ataques de indios y piratas.

El cronista Diego de Torres Vargas señala cómo, durante los siglos XVI y XVII, los gobernadores integraban el poder civil y militar de la isla. Por eso se les intitulaba alcaides de La Fuerza y residían en ella. Sin embargo, la efectividad defensora de La Fortaleza resultó nula desde sus inicios.

Durante una visita a San Juan, otro cronista de Indias, el famoso Gonzalo Fernández de Oviedo, criticó su localización: "aunque la edificaran ciegos no la pudieron poner en parte tan sin provecho". El lugar no era adecuado porque estaba muy dentro de la bahía, y el enemigo podía avanzar hasta allí para atacarla. El Consejo de la Ciudad le sugirió entonces al emperador Carlos V que se artillara la punta del Morro y se levantara en ella una torre franca. Las obras de este primer bastión se comenzaron hacia 1538 y constituyeron el primer atisbo de lo que luego sería el Castillo de San

Felipe del Morro. La función militar de La Fortaleza pasó entonces a segundo plano.

La Fortaleza es la mansión ejecutiva más antigua de América y hoy sigue utilizándose como tal. Don Juan Ponce de León, nuestro primer gobernador, no la ocupó nunca, porque vivió en Caparra, donde se encontraba entonces la capital. Luego sus descendientes vivieron en Casa Blanca.

Desde 1544 La Fortaleza ha sido habitada por 169 gobernadores: 144 de ellos españoles —casi todos oficiales del ejército—, 18 norteamericanos —tres militares y quince civiles— y siete gobernadores puertorriqueños —uno nombrado por el presidente de los Estados Unidos y seis elegidos por el pueblo.

En 1534 Puerto Rico se consideraba "entrada y clave de todas las indias...", y fue presa codiciada de los enemigos que trataron de apoderarse de él. Aunque los ataques eran frecuentes, La Fortaleza fue ocupada sólo una vez: por el corsario holandés Balduino Enrico. En 1595 Sir Francis Drake, el marino favorito de la reina Isabel I de Inglaterra, llegó a la isla en el *Golden Hind*, y fue derrotado por los cañones del Morro. En 1598 el conde de Cumberland conquistó la ciudad por tierra, pero tuvo que abandonarla poco después, a causa de la disentería furibunda que atacó a sus tropas.

Fue en 1625 cuando Enrico tomó La Fortaleza y desplegó sobre ella la bandera del príncipe de Orange. El gobernador Juan de Haro, un militar aguerrido, se refugió con sus tropas en el Castillo del Morro y se negó a rendirse. Enrico le envió un mensaje: "Ríndase o la ciudad arderá en llamas." Juan de Haro le contestó: "Tenemos suficiente piedra y madera para reconstruirla." Tras un cerco de 28 días los holandeses incendiaron la ciudad, tomaron La Fortaleza y luego se retiraron, sin lograr que se rindiera el gobernador.

El suceso fue conmemorado en un cuadro pintado por Eugenio Caxés, que se encuentra hoy expuesto en el Museo del Prado (una copia se exhibe en la biblioteca de la Universidad de Puerto Rico). Este cuadro fue comisionado por Felipe IV a Diego Velázquez, como parte de una serie para celebrar las victorias de España. Velázquez pintó la Rendición de Breda y le comisionó a Caxes pintar la batalla de San Felipe del Morro. Se trata de un cuadro impresionante, no sólo por las llamas que se divisan en lontananza consumiendo a San Juan, sino también por ser una de las pocas veces que Puerto Rico queda inserto pictóricamente en la historia del imperio español.

Los frecuentes ataques de los corsarios llevaron a la construcción del sistema de murallas y fortificación que comenzó a finales del siglo XVI y culminó en el XVIII. Según la historiadora María de los Ángeles Castro, esta decisión "dejó a San Juan convertida en una plaza fortificada inexpugnable, comparable únicamente a Cartagena de Indias", y le confirió a la ciudad un carácter militar o castrense.

En 1644 Fernando de la Riva Agüero llevó a cabo una reconstrucción de La Fortaleza, de la cual quedaron en pie sólo las paredes exteriores luego del terrible incendio provocado por los holandeses.

En 1655 José Novoa Moscoso —un aguerrido oficial de la guerra de Flandes que llegó a La Fortaleza cubierto de cicatrices y tuerto del ojo derecho— llevó a cabo otra serie de importantes ampliaciones. Aumentó la artillería con nuevos cañones, salvados de una nave encallada frente al Morro. Construyó la Contaduría de la Real Hacienda en la planta baja y amplió la vivienda, añadiéndole salones y habitaciones dignos de un palacio de aquella época. Sus numerosas gestiones civiles, no obstante, no le sirvieron de nada, pues tenía muchos enemigos, y fue destituido de su cargo un año después. Asombra la energía de los gobernadores españoles, que emprendían tantos proyectos en corto tiempo, llevándolos a cabo con la mano de obra de los criollos.

Pese a las constantes amenazas y los sucesos bélicos de los que fue escenario, La Fortaleza debió ser un lugar agradable para vivir. Su localización le proveía un clima fresco y saludable, libre de los mosquitos que proliferaban tierra adentro y que transmitían la malaria. Un manantial, que se descubrió en 1607 en sus cercanías —hoy debajo de las murallas, cerca de donde se encuentra el busto de Isabel la Católica—, lo surtía de agua fresca, lo cual resultaba conveniente en caso de sitio.

En sus memorias de 1582 el gobernador Juan López de Melgarejo señala que La Fortaleza

> es de las mejores que hay en las Indias, aunque entren los palacios de los virreyes del Perú y México, porque aunque en fábrica y aposentos puedan excederle, en el sitio nunca podían igualársele por estar la bahía y entrada del puerto colocada con tal disposición que se compiten lo agradable y lo fuerte... con vista de arboledas e isletas como se podía pintar en el país más vistoso de Flandes.

El panorama de la extensa bahía, con las aterciopeladas montañas de la cordillera central al fondo, sigue siendo hoy un espectáculo único desde los balcones de La Fortaleza.

Estar cerca de la Puerta de San Juan le ofrecía a los habitantes de La Fortaleza un panorama lleno de colorido y actividad. Podían observar a los nuevos dignatarios —obispos y gobernadores— que llegaban de España y eran recibidos con grandes festividades. Éstos subían a pie por la Caleta de San Juan y entraban a la Catedral a dar gracias por su feliz travesía.

Desde La Fortaleza se podía supervisar el desembarco del Situado, el tesoro de monedas y barras de oro que venía de México. Era depositado al comienzo en el calabozo de la Torre del Homenaje, y luego se guardaba en el Castillo del Morro.

Durante el último tercio del siglo XVIII y todo el XIX la riqueza territorial, el movimiento mercantil y la población de la isla aumentaron considerablemente. Los monocultivos del azúcar y del café enriquecieron a muchos y la ciudad de San Juan —sin perder su carácter de plaza fuerte— adquirió un aire neoclásico isabelino. La Fortaleza, donde convergían las oficinas principales de la administración civil y militar, no podía quedarse atrás. Por ello fue uno de los ejes de ese cambio, y marcó hasta cierto punto la dirección del estilo que se impuso.

El despertar económico de la ciudad tuvo como resultado que los gobernadores militares se hicieran más mundanos, y con ello pusieran atención en asuntos más acordes con la vida social de la época. Uno de los más pintorescos fue el general Miguel de la Torre y Pando, quien a pesar de su temple absolutista, mantuvo la paz en el país durante su larga administración. Fue uno de los gobernadores españoles que por más largo tiempo ocupó La Fortaleza, desde 1822 hasta 1837.

Publicó una serie de bandos que restringían grandemente las libertades personales de los puertorriqueños: prohibió las blasfemias y palabras escandalosas, los bailes sin previo permiso de las autoridades, el uso del machete fuera del campo, colocar macetas en los balcones y hasta volar cometas en la ciudad. Sin embargo, era amante de las fiestas e inauguró el primer teatro de la capital en 1830 —el Teatro Tapia— con motivo del gran baile que se celebró en San Juan en honor de la boda de Fernando VII y María Cristina de Borbón.

El Tapia se construyó entre 1824 y 1829 gracias a la iniciativa del gobernador de la Torre, cuya esposa, María de la Concepción Vargas, era una actriz aficionada. Era un teatro de fachada neoclásica, con un elaborado sistema de maquinaria subterránea que hacía que el escenario subiera al nivel de la platea, para hacer que también funcionara como un magnífico salón de baile. María de la Concepción participó en una de las primeras obras de teatro puestas allí en 1834, junto a Pedro Tomás de Córdoba, Secretario de la Gobernación.

Otro gobernador importante que ocupó La Fortaleza en el siglo XVIII fue el general Rafael de Aristegui, conde de Mirasol. Auspició los proyectos del Padre Rufo para costear los estudios de jóvenes pobres, organizó el cuerpo de bomberos, efectuó un censo y mejoró el servicio de correos. Pero el Conde de Mirasol es más recordado por la reforma que llevó a cabo en La Fortaleza entre 1844 y 1847, que la transformó, de sombrío fuerte militar, en un verdadero palacio.

El conde, siguiendo los planos de Santiago Cortijos, reconstruyó casi totalmente el edificio, dotándolo de una hermosa fachada neoclásica rematada por el escudo de España labrado en piedra. La escalera de entrada, conocida como "La Magnífica", fue un verdadero *tour de force* de decoración, en la cual lo mudéjar se mezclaba con lo medieval. Cortijos evidentemente quería que sirviera de preámbulo adecuado a la nueva Fortaleza. Así lo atestigua el propio conde de Mirasol, cuando le escribe al rey que "con frecuencia lo he visto montado sobre los andamios señalando, desbaratando y trabajando con sus propias manos lo que convenía al buen gusto..." Está decorada por ocho bustos de cariátides y cuatro atlantes, y coronada con una cúpula en la cual se alternan trofeos, escudos, banderas y al centro un rosetón de acanto explayado en ocho puntas.

El conde de Mirasol también mandó a decorar la capilla con pinturas al fresco; embelleció los salones con pavimento de mármol y aplicaciones de estuco y las galerías que dan al patio interior con cristales rojos, verdes, azules y amarillos de muy buena calidad.

Los salones más impresionantes son sin duda el Salón de Corte o del Trono, y el Salón de los Espejos, donde se efectuaban las ceremonias de estado. Para tener una idea del lujoso aspecto original del primero dependemos hoy de una nota aparecida en *La Gaceta*, el 23 de noviembre de 1848:

> El Salón de Corte se compone de un rectángulo de proporciones curvas, en una de las que está el Solio con el retrato de S.M. la Reina, de cuerpo entero, entre dos prismas de medios octágonos formando torrecillas góticas. La gradería está forrada de damasco carmesí, igualmente que todo el fondo del ancho general del Solio hasta la cornisa, insertado en ella dos plintos salientes sobre los que están colocados dos leones de medio tamaño natural, bronceados... La decoración del Salón de pilastras jónicas, es toda de blanco y oro alternativamente, siguiendo la época del Renacimiento e incluye una consola dorada apoyada sobre dos águilas que sostiene un reloj.

Hacia 1860 se efectuaron unas reformas adicionales a La Fortaleza. Se terminaron de construir las habitaciones privadas del gobernador en el tercer piso, todas con piso de mármol; se construyó una habitación para baños, de los que hasta entonces carecía el edificio. El Salón Principal se decoró con diez espejos dorados al fuego traídos de París. En el Salón Azul se colgaron cuatro espejos adicionales. Se añadieron también cortinajes lujosos, bronces para gas y otros artículos de ornato que enfatizaban el ambiente fastuoso que se pretendía. El comedor formal se amplió con un ventanal de cristales que miraba hacia la bahía.

El mobiliario, encargado hacia 1861, incluía un sofá y sillones de rejilla y palo de rosa, dorados como los espejos; una consola también dorada y con tope de mármol; dos magníficos candelabros para diez bujías con sus correspondientes briseras de cristal y en las puertas seis pabellones de damasco forrado en seda con sus cornisas doradas y cordones. El salón se alumbraba con once lámparas de cristal y con bujías para gas.

Cabe preguntarse el propósito de los españoles al invertir tan generosas sumas de dinero en La Fortaleza durante la segunda mitad del siglo XIX, época para la cual se construyó también el enorme cuartel de Vallajá. Para aquel entonces la relación comercial de Puerto Rico y Cuba con los Estados Unidos era cada vez más estrecha debido al comercio del azúcar, y era evidente que las últimas posesiones de España en América peligraban, rondadas de cerca por el águila norteamericana. Posiblemente fuera una manera de fomentar, mediante la construcción de estas obras, por un lado el temor saludable y por otro el buen ánimo de los habitantes.

Al llegar los gobernadores norteamericanos a La Fortaleza en 1898, éstos le dieron un ambiente informal, y existen fotos de un gobernador sentado con su familia en los salones protocolarios en muebles de mimbre. Hoy día, los salones han sido restaurados a su aspecto palaciego. La escalera ha sido cuidadosamente restaurada, destacando sus bellas cariátides y sus atlantes, así como también su cúpula. El Salón Azul luce dos hermosas consolas de tope de mármol y un magnífico cuadro que Federico Madrazo le hizo a la reina Isabel II. El Salón de los Espejos ha sido restaurado a su esplendor original, con sus candelabros de bujías y sus consolas doradas. El Salón de Música es uno de los más bellos de La Fortaleza. Una guirnalda de coronas de laurel circunda con elegancia el pedimento del techo, y en la esquina se encuentra un piano de cola.

El Salón del Té y el Salón de los Dignatarios dan a una galería interior de persianas y vitrales de colores, que abren al patio central bajo el cual todavía se encuentran los antiguos aljibes. Estos dos salones, decorados con hermosos sillones de medallón y pajilla tejida y veladores de tope de mármol, tienen un ambiente netamente puertorriqueño. En ellos se encuentran algunos de los mejores cuadros de La Fortaleza, como el bodegón de Francisco Oller, y la *Inmaculada Concepción* del siglo XVII, que se encuentra en la mansión hace más de doscientos años.

El dormitorio de Kennedy, antiguamente conocido como de Lindbergh, se comunica con el Salón de los Dignatarios, y en él han dormido invitados de mucho prestigio. Esta hermosa habitación tiene una cama antigua con baldaquín a la que hay que subir por una escalerilla de caoba. Desde ella se puede escuchar el murmullo del mar al pie de las murallas, que entra por las persianas abiertas del balcón.

El salón del comedor también ha sido restaurado, guardando su ambiente sobrio y elegante. En él no hay candelabros de lágrimas sino sencillas lámparas de bronce que iluminan con velas. Los muebles son de estilo colonial español, de caoba tapizada con cuero. Sobre las consolas se encuentran las compoteras de cristal tallado que la reina Isabel II le regaló a Puerto Rico hace más de cien años, y que tienen tallado encima su escudo real.

La torre que da hacia el sur ha sido restaurada con un fogón de carbón antiguo, una piedra de moler granos de maíz y un filtro de agua. No es seguro, sin embargo, que este lugar fuese empleado como la cocina durante el pasado. Lo más probable es que se fundieran allí los metales que se utilizaban para confeccionar las balas de la guarnición que defendía a La Fortaleza. Entre el 10 de septiembre y el 16 de octubre de 1898 se celebraron en La Fortaleza las reuniones de la Comisión Conjunta —española y norteamericana— encargada de efectuar la cesión formal de Puerto Rico a los Estados Unidos. El acto oficial de la toma de posesión se celebró el 16 de octubre de 1898 en el Salón del Trono.

En las fotos tomadas esa mañana aparecen cuatro militares norteamericanos y cuatro españoles sentados frente a una mesa rectangular, sobre la cual yace una escribanía o tintero doble, con plumas de ganso reposando frente a él. Hay sólo dos puertorriqueños presentes: los intérpretes Manuel V. del Valle y Manuel Paniagua y están de pie, justo detrás de los generales que firmarán el documento. Ninguno de ellos tuvo nada que ver con lo que allí sucedía, aunque se trataba de su patria, que pasaba de manos de un imperio a otro. Testigos silenciosos de un suceso injusto, su labor era, irónicamente, traducir. Al centro de la mesa los generales John R. Brooke y Ricardo Ortega —el primer gobernador norteamericano y el último gobernador español— miran de frente al fotógrafo. Detrás de ellos, donde probablemente se encontraba el cuadro del monarca ibérico, una tela negra ha sido desplegada contra la cual se destaca un mapa de Puerto Rico.

Los militares españoles se ven cansados y sin afeitar; sus uniformes estrujados y los zapatos polvorientos. No llevan guantes puestos y están todos desarmados;

miran distraídos hacia el horizonte. Se les ha permitido sentarse democráticamente en butacas exactamente iguales a las de los vencedores, alrededor de la mesa donde se firmará el documento del traspaso. Junto al general Brooke se encuentra sentado un hombre joven y fornido, el hijo de Ulysses S. Grant, quien lleva el mismo nombre. Todos los militares norteamericanos están armados, con sables al cinto y guantes blancos. Miran orgullosos la cámara.

A medio día, al retumbar de los cañones del Morro y de San Cristóbal, la bandera norteamericana se izó sobre La Fortaleza —rebautizada en ese momento como Government House— justo encima del vetusto escudo de España labrado en piedra, que los norteamericanos no removieron de su lugar. De esa manera se unió desde un comienzo en La Fortaleza la nueva presencia norteamericana a la antigua presencia española en la isla.

Cada gobernador que ha habitado en La Fortaleza ha dejado en ella su huella, y siendo 169 los gobernadores, hay huellas por todas partes. Algunas han sido estructurales; otras embellecen la decoración, o añaden detalles útiles al edificio, como el reloj de sol que está en la torre austral, y que construyó el gobernador Fernando de la Riva y Agüero en 1643, que todavía marca la hora correctamente cuando hace buen tiempo.

En 1939 el gobernador William Leahy instaló un elevador, facilidades de ventilación e iluminación, y comisionó a un ingeniero inglés para que diseñara un elegante jardín lleno de reatas y pasillos, con una fuente mudéjar al centro, donde antes se encontraba el jardín hundido del siglo XVI.

En 1949 se mudó a La Fortaleza uno de sus habitantes más destacados: el gobernador don Luis Muñoz Marín, quien habría de residir allí por 16 años, hasta 1965. Don Luis nació en la Calle Fortaleza, número 19, en 1898, y durante su incumbencia ocurrieron en la mansión sucesos de gran importancia. Un año después de mudarse a vivir don Luis con su familia al palacio, el 30 de octubre de 1950 se desató la revuelta Nacionalista en Jayuya. Ese mismo día seis nacionalistas armados con una ametralladora y revólveres atacaron La Fortaleza. Don Luis mismo describió mejor que nadie en sus *Memorias* cómo ocurrió ese dramático incidente:

> Yo estaba en mi casa de Trujillo Alto y al primer informe [de la revuelta de Jayuya] salí inmediatamente con mi esposa para La Fortaleza. Nuestras hijas estaban en la escuela y llegarían a la Fortaleza poco antes que nosotros... En La Fortaleza había ya una condición de alerta y algunos guardas de la escolta estaban en la azotea vecina... A eso de las 11:30 de la mañana estaba en conferencia en mi despacho, cuyas persianas daban al frente, cuando estallaron tiros de ametralladora a pocos metros de la pared frontal del edificio y de mi oficina. Una bala atravesó las persianas y se incrustó en la pared contraria a tres metros de altura. Géigel Polanco y yo salimos agachándonos...
>
> Un automóvil había traído a seis nacionalistas de Arecibo. Uno tenía ametralladora, los otros tenían revólveres. En el baúl del automóvil se encontraron otras armas y bombas Molotov. Entonces no había portón de hierro y llegaron hasta la entrada misma de La Fortaleza. Se bajaron como a siete metros de la entrada y comenzaron a disparar. En la entrada misma fueron muertos cuatro de ellos, otro murió frente al edificio de Los Pabellones. El único sobreviviente disparaba refugiado bajo su automóvil hasta que se rindió.

Esa misma noche don Luis se dirigió por medio de la radio al pueblo pidiéndole tranquilidad, serenidad y firmeza, porque "su gobierno... cumplirá en su defensa... y en el respeto que le debe a su libertad". Poco después del ataque de los nacionalistas se erigieron la verja de hierro y el portón que separan a la mansión ejecutiva de la calle Fortaleza, con lo que dejó de ser parcialmente una vía pública.

Durante la incumbencia de don Luis A. Ferré, mi padre, entre 1968 y 1972, las paredes de La Fortaleza se embellecieron con cuadros traídos del Museo de Arte de Ponce. Como don Luis se sentía incómodo en el ambiente formal de ese salón, se construyó una pequeña oficina adjunta, donde se colocó una mesa hexagonal que él mismo diseñó. Tenía la forma de la cápsula espacial de los astronautas que acababan de llegar por aquel entonces a la Luna; esa fue su mesa de trabajo, frente a la cual se sentaba todos los días con sus asesores y secretarios.

Aunque no habité nunca La Fortaleza, acudí allí con frecuencia y tengo muchos recuerdos que resultan interesantes. Recuerdo, por ejemplo, una pesada mesa de caoba semiescondida en un balcón que daba a los jardines hundidos, donde se encontraban dos o tres docenas de pisapapeles redondos de cristal. Pregunté que cuál era el propósito de aquellos pisapapeles en aquel lugar tan inaccesible, y me informaron que a don Luis Muñoz Marín le gustaba sentarse en aquella mesa a escribir sus discursos mientras miraba el jardín de la Fortaleza, y que los pisapapeles eran para que no se le volaran los discursos.

Recuerdo también el arreglo de amapolas rojas, amarillas y blancas sostenidas por unos palitos largos, colocadas en un hermoso florero de porcelana de Sèvres —una costumbre de doña Inés Muñoz Marín—. Siempre adornaba la mesa redonda del recibidor o Salón Azul, y fue una tradición que por mucho tiempo se observó en

La Fortaleza. Hoy los salones oficiales se decoran con costosos arreglos de flores importadas del extranjero.

En una ocasión visité el sótano de la mansión, al que se entraba por el jardín hundido, y me horrorizó encontrar allí un cementerio de muebles de medallón, todos rotos y medio apolillados. Afortunadamente no los habían tirado a la basura, y pedí que hicieran venir a un ebanista para que los reparara. Se tardaron tres años, pero hicieron un trabajo maravilloso, y pronto los hermosos sillones y consolas regresaron a su lugar.

Las cenas iluminadas por velas en el sobrio comedor colonial, que nunca se ha alumbrado con gas ni con electricidad; el cuarto donde durmió Lindbergh durante su visita a Puerto Rico, que luego fue el cuarto del presidente Kennedy y donde suelen albergarse todavía los invitados de honor; la puerta trampa del túnel que supuestamente comenzaba debajo de la torre del norte y llegaba hasta el Morro; las puestas de sol en la bahía y la Isla de Cabra que se veían desde la terraza del tercer piso; las yemas de huevo y los bizcochos rellenos de piña que se intercambiaban mis padres y doña Fela, que era vecina de La Fortaleza; el cortejo fúnebre de doña Lorencita Ramírez de Arellano de Ferré y su ataúd color plata cubierto de orquídeas blancas bajando por la escalera de la Fortaleza camino del cementerio del Viejo San Juan; los trasatlánticos blancos que se veían saliendo por la boca del Morro a través de los enormes ventanales de cristales verdes y rojos de la galería del tercer piso; la enorme banderola de satén blanco con letras rojas que decían PAZ Y AMOR, que se colgó de los balcones de la fachada de La Fortaleza durante la Navidad de 1970; son algunos de los recuerdos que guardo de esos años.

Una tradición relativamente reciente que se ha desarrollado en el palacio es la de los retratos al óleo de las primeras damas. La costumbre de pintar a los gobernadores tiene una antigua prosapia. En España hay pinturas de muchos de los gobernadores españoles. José Campeche pintó a los gobernadores José Dufresne, Dabán, Miguel Antonio de Ustáriz y Ramón de Castro, así como a las dos hijas de éste —uno de los cuadros más bellos de nuestro pintor dieciochesco que hoy se encuentra en el Museo de Puerto Rico.

Francisco Oller pintó al gobernador Baldrich, uno de los últimos gobernadores españoles, y cuando llegaron los gobernadores estadounidenses les hizo dos retratos extraordinarios, de los gobernadores George W. Davis y Guy V. Henry, que estuvieron originalmente en La Fortaleza. Hoy los retratos de Rafael Hernández Colón, Luis Muñoz Marín, Luis A. Ferré y otros gobernadores recientes se encuentran en el pabellón de recibo de la Fortaleza.

A nadie, sin embargo, se le había ocurrido pintar a las esposas de los gobernadores, hasta que doña Lila Hernández Colón pensó en ello, y le encargó al pintor Rechany pintar los retratos de las primeras damas. El cuadro de doña Kate Romero es por Osiris Delgado. Desde entonces cada una de las primeras damas tiene su retrato, y éstos adornan hoy la hermosa escalera de caoba que sube al tercer piso de la mansión.

Entre las leyendas más románticas del antiguo palacete llama la atención la del fantasma que dicen se pasea en las noches de luna llena por los jardines de La Fortaleza; y la del antiguo reloj de péndulo que se encuentra al final de la galería del segundo piso. Este reloj tiene un hueco en el lado derecho de la esfera y sus manijas marcan las 4:28 de la tarde. Se dice que un capitán español lo perforó con su sable antes de abandonar La Fortaleza, para que quedara fijado el momento en que España perdió para siempre la isla. En ese momento Puerto Rico pasó a ser parte de la nación norteamericana y de la época moderna.

Otra vez los magos

Hace veinte años doña Fela, la alcaldesa de San Juan, dejó caer "nieve de verdad" sobre nuestros niños en el Parque Muñoz Rivera. Hoy el *show* se lo llevan los camellos de los Reyes Magos, que comen yerba mansamente de la mano en la colina del Capitolio. Todo el que se dirija al Viejo San Juan durante estos días podrá verlos.

Durante la competencia entre Santa Clos y los Reyes Magos que se celebra todos los años en la isla, afirmamos cada vez con más ahínco nuestra preferencia por los Reyes. Llama la atención la ausencia de Santa Closes, así como de renos, venados y trineos con campanitas surcando campos de algodón y tinsel al son de *Jingle Bells*, tan comunes en las Navidades de antes. Tampoco se ven ya los calcetines rojos con borlas de algodón y rayas blancas que se regalaban vacíos, y que supuestamente había que colgar de una chimenea imaginaria para que Santa Clos los llenara de regalos. Sólo alguna que otra joven operaria de los *tolls* de la autopista, con un gorro rojo de borla blanca sobre la cabeza y afortunadamente sin barba, nos recuerda hoy a Santa Clos.

Los tres Reyes Magos, sin embargo, siguen llegando puntualmente a nuestras casas. Guardamos siempre un lugar para ellos debajo del árbol, junto al nacimiento; aparecen en nuestros villancicos, en nuestras postales de Navidad y, lo que es más importante, tienen un sitio especial en nuestro corazón.

Quizá el camino hasta Puerto Rico se les hace más fácil porque vienen en camello atravesando el desierto y están acostumbrados al calor. No nos resulta raro vislumbrarlos flotando por la orilla de la playa a media noche o cruzando secretamente uno de nuestros cañaverales, porque a los camellos, como buenos herbívoros, les encanta la yerba alta. En cambio el pobre Santa Clos, ahogado de calor en su mameluco de lana roja, no encuentra un solo tiro de chimenea por el cual dejar caer los regalos y tiene que enviarlos por UPS.

Los Reyes Magos vienen desde el mismo corazón del misterio, y quién sabe si el niño que adoraban, además de llamarse Jesús, se llamaba Budha o Elegguá. "La estrella de Oriente", dice la Biblia, "les precedía, hasta que vino a pararse encima del lugar donde estaba el niño. Al verlo sintieron grandísimo gozo y, llegando hasta el pesebre lo adoraron y, abriendo sus cofres, le ofrecieron como dones oro, incienso y mirra".

¿Qué significan esos dones? Se han dado un sin fin de interpretaciones a través de la historia, y cada cual puede interpretarlos como quiera. Mi interpretación es la siguiente.

En primer lugar, los Reyes nos trajeron el oro del idioma. Como eran oriundos de Europa, Asia y África, quiere decir que probablemente hablaran español, chino y bantú. Si les pidiéramos que nos hablaran sólo en español o en inglés, rehusarían hacerlo sabiamente. El mundo de hoy es internacional, y la comunicación entre las naciones resulta imprescindible. El oro que nos traen los Reyes es la sabiduría de la comunicación universal.

En segundo lugar, nos trajeron el hermoso color de nuestra piel caribeña, en la que están presentes el negro de Melchor, el bronceado de Gaspar y el blanco de Baltasar.

Y el don más importante de todos: nos trajeron la mirra, el ungüento perfumado de la paz. Gracias a los Reyes Magos somos un pueblo que no conoce la guerra y que ha resuelto siempre sus conflictos pacíficamente. Sólo hay que abrir los periódicos para ver lo que está sucediendo en Zaire, en Perú, en Bosnia, en Angola, en Chechenia, para darle las gracias a los Reyes Magos por la paz que gozamos en nuestra isla.

¡Cuán afortunados somos de tener a los Reyes Magos, que nos recuerdan todos los años la importancia de dones como el oro del idioma, el incienso de nuestra raza caribeña y la mirra de la paz, ofrecidos al Niño Jesús, al Niño Budha, al Niño Elegguá!

Testimonio de la voz puertorriqueña

En 1878 Thomas Alva Edison inventó la máquina de reproducir sonido.

Un embudo largo que lleva él mismo a un cilindro recubierto con papel de estaño. Al hacer girar con una manigueta el cilindro y hablar frente al embudo, un estilete abre el surco en el papel de estaño, surco que va siendo diferente en la medida en que las vibraciones de la voz van siendo distintas.

Ésta es la definición del primer sistema de grabación del mundo, y ésta fue también la forma en que se grabó por primera vez en Puerto Rico la música de nuestro pueblo.

Los primeros cilindros llegaron a Puerto Rico alrededor de 1892. Los grandes hacendados de la caña y el café empezaron a comprar fuera de la isla los aparatos de reproducción y los exhibían en sus casas como joyas. Un aparato de reproducción costaba por aquel entonces más o menos lo mismo que una casa modesta. La integración de la isla a los Estados Unidos en 1898 aceleró la importación de los equipos, así como la venta y distribución de los fonógrafos de manigueta. Ya para esa época llegaban representantes de fábricas como la Casa Columbia, la Casa Victor y la Casa Edison a la isla.

Resulta curioso que la historia de la música en Puerto Rico comenzara en 1896 con una grabación de música jíbara hecha en cilindro por aficionados anónimos. La música y la literatura van parejas en nuestro desarrollo: en 1849 se publicó la primera edición de *El jíbaro*, de Manuel Alonso, nuestro primer libro, en el cual se intenta ya recoger nuestra personalidad íntima. En él hay todo un capítulo dedicado a la importancia del baile y de la música en la isla. Se habla de los bailes de garabato, de las cadenas, del fandanguillo, así como del vals, el rigodón y el baile de bomba. Extasiado ante la belleza de las criollas, Alonso exclama: "¡Oh hijas de mi patria!, ¡nadie os iguala en el baile, nadie derrama como vosotras ese raudal de fuego puro como vuestras frentes, ni esa voluptuosidad encantadora que sólo nace de nuestro clima!"

Otro dato singular es que nuestra segunda grabación importante, que data de 1900, fuese *La borinqueña*, de Félix Astol, grabada por la soprano cubana Rosa María Chalía. La tercera grabación relacionada con nuestra historia es de Antonio Paoli y fue realizada en Milán por la Casa Gramophone en 1907. *El jíbaro* de Ponce, como el gallito del solar, no se quedó cantando en el corral de la isla por mucho tiempo; a los 11 años de romper su silencio saltó el charco del Atlántico y empezó a cantar en Milán. Así quedó plasmada en los albores de nuestra historia musical otra característica puertorriqueña: la necesidad de viajar, de traspasar las fronteras de la isla que asfixia y achica el espíritu. El exilio es en este sentido no sólo una búsqueda de mejores condiciones de supervivencia; es también parte del esfuerzo por superarse y trascender las fronteras del mundo, de alcanzar la excelencia.

A pesar de la importancia que tuvo para Puerto Rico la música clásica en el siglo XIX, como puede verse por la obra de Juan Morel Campos y Tavárez, en el siglo XX la música popular ha sido mucho más importante. Nuestros compositores de música popular como Rafael Hernández y Cortijo fueron los verdaderos poetas del pueblo. Un pueblo que no canta es un pueblo que se muere, y a la música popular le debemos nuestra supervivencia. En 1910 la Casa Columbia en San Juan graba el primer repertorio de música puertorriqueña, y es de música popular: son seis chorreaos y seis mapellés.

El bolero fue nuestra siguiente grabación importante, y su popularidad tuvo mucho que ver con la fundación de la radio en la isla. En el 1920 se inauguró la primera estación de radio en el mundo, y, asombrosamente, en el 1922 se inauguró la primera estación de radio en Puerto Rico. Ésta fue la WKAQ, y su primer locutor fue Joaquín Agusty, quien inició sus labores el 3 de diciembre de 1922 en San Juan. La WKAQ fue la primera emisora de Puerto Rico, la segunda de Hispanoamérica y la quinta del mundo.

Hasta 1920 los boleros fueron parte del repertorio de trovadores del interior de la isla y las serenatas eran su especialidad. Para 1928 se puso de moda el bolero bailable, que combinaba dos ritmos: el lento y el rápido. El Trío Matamoros, que cultiva el bolero asiduamente, visita Puerto Rico en 1932 y se queda con la isla. Para la década de los treinta casi todos los boleristas eran cubanos. En 1931 el maestro Ernesto Lecuona formó su orquesta, una agrupación espectacular, en la cual casi todos los músicos sabían manejar varios instrumentos.

Agustín Lara le dio el impulso definitivo al bolero, que llegó por aquel entonces a la cumbre como composición musical. Lara era pianista "de oído"; nunca leyó música. Nació en Veracruz y era un romántico por naturaleza: peleó en la Revolución Mexicana, afiliado a las tropas de Pancho Villa, y era muy enamorado. En una disputa de celos se enfrascó en una pelea y su amante le sajó la cara con una navaja, condenándolo a ir por el mundo como un "caricortado por amor". De esa época también son Pedro Vargas, José Mojica y Toña la Negra, tres de nuestros grandes cantantes latinoamericanos. Los temas de los boleros casi todos tienen que ver con el amor: *Solamente una vez*, *Te quiero, dijiste*, *Arráncame la vida*, *Noche de ronda*, *Amor de mis amores*, *Lágrimas negras*, son algunos de los grandes poemas del pueblo hispanoamericano.

El bolero alcanzó su apogeo en Puerto Rico en la década de los cuarenta. El puertorriqueño exiliado lo tomó como cauce principal de sus tribulaciones y de sus logros. Para 1948 ya había 250 mil puertorriqueños en Nueva York; los músicos y cantantes todos viajaban allí, donde estaban los centros de grabación de la RCA Victor y de la Casa Columbia. Davilita, Paquito Marcano, Daniel Santos, Bobby Capó, Johnny Rodríguez, Plácido Acevedo, Pedro Flores y Rafael Hernández, nuestro ruiseñor criollo, residían todos en Nueva York, la Meca de la música grabada por aquel entonces.

Los temas de estas grabaciones capturaron mejor que ningún libro de historia el devenir íntimo de nuestro pueblo. Es música de queja nostálgica, del campesino que baja de la montaña a la costa en su primer exilio atribulado por el hambre, como el *Lamento borincano* de Rafael Hernández. Es también música compuesta bajo el azote de los helados vientos de Nueva York, que amenazan las frágiles constituciones tropicales de los que sueñan con las palmeras y el sol de Borinquén. El nacionalismo se fortalece y cobra vida gracias al invierno implacable. *El buen borincano*, también de Rafael Hernández, de donde provienen los famosos versos "Si yo no hubiera nacido / en la tierra en que nací / estuviera arrepentido / de no haber nacido allí", lo dice más claro que nadie. Otras composiciones bolerísticas como *Despedida*, de Pedro Flores; *Olvídame*, de Roberto Cole; *En mi viejo San Juan*, de Noel Estrada; *Triste Navidad*, de Rafael Hernández; *Nuestro regimiento*, de Alexis Brown; *La última copa*, de Felipe Rodríguez, son también testimonio de la experiencia de separación y tránsito, de las difíciles pruebas que el puertorriqueño se vio obligado a enfrentar en busca de un paraíso que quizá sólo existió en su corazón, pero que permanece hoy como testimonio de su creatividad artística.

El músculo del cerebro

Dicen que todo músculo que se ejercita se vuelve más fuerte, pero en el pulseo que existe hoy entre los hombres y las mujeres en el campo de los negocios y de las profesiones en la isla, los fuertes siguen siendo los hombres. A pesar de que en la década de los noventa la mujer ha logrado un acceso mayor a las esferas de influencia y de poder —según expresó recientemente la presidenta de la Cámara de Comercio—, su situación económica no ha cambiado de manera significativa; gana 25% menos que el hombre rindiendo trabajo equivalente. Aunque 52% de la población de la isla es femenino según las estadísticas, sólo 5% ha alcanzado posiciones de influencia en las ramas ejecutiva, legislativa y judicial.

Un examen cuidadoso revela que buen número de mujeres dirigen hoy el esfuerzo de sus carreras hacia los campos del periodismo, las relaciones públicas, la práctica de la ley, la educación, la publicidad, etcétera. Carreras como la medicina, la arquitectura y la ingeniería son populares entre las mujeres al nivel universitario, pero una vez que pasan a la práctica se les hace mucho más difícil ejercerlas que a los hombres.

El periodismo es una carrera que ha sido hasta cierto punto copada por mujeres menores de 30 años. Implica una competencia feroz y la gente se quema muy rápidamente. En los últimos años hay un número cada vez mayor de reporteras, y en la Escuela de Periodismo de la Universidad de Puerto Rico (UPR), en 1999, 65% de la matrícula se compone de féminas. También en la ingeniería han ganado terreno las mujeres. Zulma Toro, rectora del Recinto Universitario de Mayagüez (RUM), indicó que la población femenina en la escuela de ingeniería subió a 38%, cuando en los Estados Unidos el promedio es de 18%.

Al nivel administrativo la educación sigue siendo un campo de altos logros para la mujer. En la UPR, por ejemplo, cinco de los 11 decanos de colegios regionales son mujeres. La Universidad de Puerto Rico tiene 69 mil estudiantes, dos terceras partes de los cuales son mujeres.

Es importante señalar, sin embargo, que la ascendencia femenina en nuestra sociedad ha ido acompañada por un incremento dramático de violencia doméstica. En 1988 se presentaron 9 000 casos de violencia doméstica en las cortes de Puerto Rico, y en 1997 se presentaron 21 217 —más del doble—. Las estadísticas demuestran que una de cada cuatro mujeres es víctima de violencia doméstica en algún momento de su vida.

Recientemente Enid Gavilán, directora de la Comisión de Asuntos de la Mujer, afirmó:

> Cada día del año se comete un femicidio en Puerto Rico. El patrón es siempre el mismo. Cuando una mujer decide terminar una relación con un hombre —sea su amante o su marido—, es amenazada. Si persiste y abandona el hogar, es golpeada y puede que hasta asesinada.

Algunos de estos crímenes son verdaderamente macabros, como fue el caso de Elsie Ruiz Vázquez, quien fue destripada por su amante, y el de Yesenia Acosta, la joven de 22 años casada con un agente de la policía que desapareció misteriosamente. Aunque se encontraron sus ropas ensangrentadas, el cuerpo no ha aparecido.

En 1989 se pasó en Puerto Rico el Proyecto 54 —la Ley para la Prevención e Intervención contra la Violencia Doméstica—, un paso firme en la lucha por los derechos de la mujer. La ley hizo de la violencia doméstica un crimen por primera vez en Puerto Rico. La forma en que se pasó el proyecto resulta memorable. Existía una gran oposición al mismo entre los políticos de ambos bandos, quienes argüían que disputas entre gente casada eran un asunto privado aunque acabaran en violencia física. Varias legisladoras —Velda González y Cucusa Hernández, entre ellas— hicieron un esfuerzo enorme para pasar la ley y llenaron las galerías del Capitolio con mujeres airadas cada vez que se discutía el proyecto. Un caso sensacionalista —el del basquetbolista Richie Pietri, quien asesinó a su esposa a martillazos, recibió libertad bajo palabra y no sirvió cárcel— tuvo mucho que ver con el cambio en la opinión pública, y se logró el apoyo público necesario para implantar el proyecto.

La Casa Protegida Julia de Burgos, fundada en 1980 por un grupo de ciudadanos privados, trajo a la atención del público la gran necesidad que existía de establecer albergues para mujeres y niños maltratados que huían de sus hogares sin tener dónde ir. La Iglesia luterana de Puerto Nuevo le donó su primer local; hoy existen cuatro Casas Protegidas Julia de Burgos, y todas son secretas. Recientemente la Comisión de Asuntos contra la Mujer anunció una asignación especial de $850 000 dólares del Ejecutivo para la apertura de más centros para la ayuda a víctimas.

Las estadísticas de los logros feministas en Puerto Rico, contrapuestas a las de las bajas que sufrimos las mujeres a causa de la violencia doméstica, me hacen sentir en un campeonato de boxeo —cada punto ganado nos acerca a la victoria—. La contienda fue desigual desde el principio —los hombres nacen con bíceps que alimentan hormonas de las que carecemos las mujeres—, pero afortunadamente podemos corregir esta desigualdad de la naturaleza fortaleciendo cada vez más el músculo del cerebro.

¿A dónde fue a parar el Caribe Hilton?

En *El otoño del patriarca,* la novela de Gabriel García Márquez, hay una escena en que un personaje se asoma a la ventana de su palacio y se queda sorprendido al ver que los gringos se han robado el Caribe, y que en su lugar han dejado un hueco lleno de fango y de peces muertos. Recientemente me sucedió algo similar cuando visité el nuevo Hotel Caribe Hilton. Aunque la cadena Hilton International adquirió el hotel a un costo de $80 millones, al gobierno de Puerto Rico, nunca sospechamos que desaparecería. El año 2000 se recordará en la historia de la arquitectura puertorriqueña como el año en que desapareció el Caribe Hilton, y no me extrañaría que dentro de quinientos años nuestros arqueólogos se enfrasquen en una lucha por desenterrar sus restos, para restaurarlos a su antiguo esplendor a un precio mucho mayor que lo que nos pagaron hoy.

Cuando se inauguró el Caribe Hilton en 1949, el hotel rompió récords en muchos sentidos. Fue construido por la Corporación de Fomento Económico a un costo de $7.5 millones de dólares y la gente decía que don Teodoro Moscoso estaba loco. Diseñado por los arquitectos Toro y Ferrer, sirvió desde un principio de modelo para los edificios modernos de la isla. (Quedan en pie la Corte Suprema, también de Toro y Ferrer; y el Hotel La Concha, hoy también amenazado por la bola de acero.) Los detalles interiores del Hilton —el voladizo de cemento en forma de toca de Hermanita de la Caridad; la piscina de agua salada en forma de ameba azul; los balcones de balaustres de aluminio colocados al sesgo para permitir la vista al océano— fueron copiados y emulados en docenas de edificios y casas de la capital. La sencillez y elegancia de la arquitectura del Hilton formó en gran parte el gusto de los puertorriqueños por un estilo moderno sencillo y cálido, de pisos de *quarry tile* y pasillos abiertos a la naturaleza muy distintos del de los ampulosos hoteles de Miami Beach, como el Fontainbleau.

En el Caribe Hilton se instalaron facilidades ultramodernas como el aire acondicionado central, radio *built-in* en cada habitación, agua helada en los baños; todo por $12 dólares para un cuarto sencillo y $15 por un cuarto doble. Un buen número de viudas adineradas puertorriqueñas vendieron sus casas y se mudaron a vivir al Caribe Hilton, donde pagaban $9 diarios por una habitación sencilla donde no tenían que "preocuparse por el servicio".

El antiguo Caribe Hilton fue, ante todo, un lugar para el romance y el sueño de las clases pudientes. Innumerables parejas pasaron allí su luna de miel camino a Nueva York o Europa. En el escenario del Club Caribe, donde la burguesía celebraba sus bodas y quinceañeros, se presentaron Frank Sinatra, Rosemary Clooney, Nat King Cole, Bing Crosby, Patty Page y Liza Minelli, y en su pista de baile era posible codearse con Elizabeth Taylor, Nicky Hilton, Za Za Gabor y otras luminarias de Hollywood. Su casino fue uno de los primeros de la isla, iluminado por unas enormes lámparas de canelones de cristal veneciano que parecían panales de abeja.

Del Caribe queda hoy, desgraciadamente, sólo el cascarón. En nombre de una modernización mal entendida —¿qué edificio podía ser más moderno que el antiguo Caribe Hilton, el arquetipo de lo moderno *avant-la-lettre?*—, destruyeron el techo en *cantiliver* de la entrada; la fuente de cascada de piedras —que aunque fueron adiciones posteriores al diseño original, añadían encanto al *lobby*—; los murales en barro de Susana Espinoza; los espacios abiertos a los jardines con estanques de flamingos y pavorreales. De un espacio lleno de sorpresas, donde era posible darse cita con un amante detrás de una mata florecida de aves del paraíso, se pasó a un *lobby* completamente abierto y como de aeropuerto, con muros de estucado a pistola estilo Holiday Inn. El bar de la piscina, con sus lámparas de enormes capacetes de bronce que hacían pensar en los bebederos de ganado de las antiguas haciendas, también desapareció, y en su lugar se instaló una barra estilo *diner* obrero, con asientos de níquel tapizados de plástico rojo.

No estoy en contra de la desaparición de un estilo de vida basado en la injusticia económica y en la frivolidad social. Pero hay una importancia histórica en los espacios que debe ser respetada, porque son testigos de cómo fuimos en determinado momento. Se fueron los pavorreales y los flamingos para no volver, pero también se fue el buen gusto.

Como diría François Villon: ¿qué fue de nuestro hermoso Caribe Hilton?, ¿a dónde fue a parar? El hotel que nos dejaron es *high tech* tipo Internet, pero también es aburrido, incoloro y sin misterio. Y a $450 dólares la noche, definitivamente no es para todos. Ojalá no sea una profecía de lo que nos aguarda a los puertorriqueños en el próximo milenio.

Espacios
literarios

La cocina de la escritura

I. *Cómo dejarse caer de la sartén al fuego*

A lo largo del tiempo las mujeres han escrito por múltiples razones. Emily Brönte escribió para incursionar en la naturaleza revolucionaria de la pasión, Virginia Woolf para exorcizar su terror a la locura, Clarice Lispector para descubrir una razón para amar y ser amada. En mi caso escribir es una voluntad a la vez constructiva y destructiva, una posibilidad de crecimiento y de cambio. Escribo para edificarme palabra a palabra, para cumplir con las obligaciones privadas de mi alma.

De éstas, la más importante me ha parecido siempre vivir intensamente. No le agradecí para nada a mis padres la existencia protegida, exenta de todo peligro pero también de responsabilidades, que viví en el seno del hogar hasta que me casé. Quería vivir, experimentar la aventura, el arte, el peligro, todo de primera mano y sin esperar a que me lo contaran. En realidad, lo que quería era disipar mi miedo a la muerte, pero yo sentía por ella un terror especial, el terror de los que no han conocido la vida. La vida nos desgarra, nos hace cómplices del gozo y del terror, pero finalmente nos consuela, nos enseña a aceptar la muerte como un fin necesario y natural. Pero verme obligada a enfrentar la muerte sin haber conocido la vida, sin atravesar su aprendizaje, se me hacía imperdonable. Era por eso que los inocentes, los que mueren sin haber vivido, sin tener que rendir cuentas de sus propios actos, van a parar al Limbo, me dije. El Paraíso es de los buenos y el Infierno de los malos, de los que se han ganado la salvación o la condena, pero en el Limbo sólo hay mujeres y niños que ni siquiera sabían cómo habían llegado hasta allí.

El día de mi debut como escritora permanecí largo rato sentada frente a mi maquinilla rumiando estos pensamientos. Sabía por experiencia lo difícil que era tener acceso a esa habitación propia con pestillo en la puerta y a esas metafóricas quinientas libras que Virginia Woolf me prometía asegurarían mi independencia y libertad. Me había divorciado y había sufrido muchas vicisitudes a causa del amor; el empeño por llegar a ser la esposa perfecta me hizo volverme, en determinado momento, contra mí misma.

Escribir mi primer cuento significaba dar mi primer paso en dirección a la independencia, fuese el Cielo o el Infierno, y aquella certidumbre me hacía vacilar entre un estado de euforia y depresión. Me sentía casi a punto de nacer, asomando tímidamente la cabeza por las puertas del Limbo. "Si la voz me suena falsa", me dije, "si la voluntad me falla, habré renunciado tontamente a esa protección que, pese a sus desventajas, me proporcionaba ser una buena esposa y ama de casa, y habré caído merecidamente de la sartén al fuego."

Virginia Woolf y Simone de Beauvoir eran para aquellos tiempos mis evangelistas de cabecera. Leía todo lo que ellas habían escrito como una persona sana que se toma todas las noches varias cucharadas de una pócima salutífera que le imposibilitara morir de esa plaga de males de los cuales habían perecido las escritoras que me habían precedido. Tengo que reconocer que aquellas lecturas no hicieron mucho por fortalecer mi recién nacida y aún tierna identidad de escritora. El reflejo de mi mano era todavía sostener pacientemente la sartén sobre el fuego, y no blandir con agresividad la pluma a través de las llamas, y ni Virginia ni Simone me sirvieron de mucho. Simone opinaba que las mujeres insistían con demasiada frecuencia en aquellos temas que consideraban tradicionalmente femeninos: los problemas del amor, de la vida familiar asfixiante, etc. Justificados como estaban estos temas, limitarse a ellos significaba que no se había internalizado adecuadamente la capacidad para la libertad. "El arte, la ciencia, la filosofía", decía Simone, "son intentos de fundar el mundo sobre una nueva libertad humana, la del creador individual. Y para lograr esta ambición la mujer deberá antes que nada asumir el *status* de un ser que posee la libertad."

En la opinión de Simone, la mujer no debería limitarse a analizar situaciones interiores en su literatura, sino que debería concentrarse en las realidades exteriores, principalmente las históricas y sociales. Para Simone la capacidad intuitiva, el contacto con lo irracional, la capacidad para la emoción eran talentos muy importantes, pero de segunda categoría. El funcionamiento del mundo, los eventos políticos y sociales que determinan el curso de nuestras vidas están en manos de quienes toman sus decisiones a la luz de la razón, decía Simone, y no de la intuición o de la emoción. Y era de estos temas que la mujer debería ocuparse en adelante en su literatura.

Virginia Woolf, por otro lado, vivía obsesionada por una necesidad de objetividad y de distancia que, en su opinión, se había dado muy pocas veces en la escritura de las mujeres. De las escritoras del pasado Virginia salvaba sólo a Jane Austen y a Emily Brönte, porque sólo ellas habían logrado escribir, como Shakespeare, con todos los obstáculos quemados. Es funesto, para todo aquel que escribe, pensar en su sexo, decía Virginia, funesto para una mujer abrogar, aun con justicia, una causa: hablar conscientemente como una mujer. En los libros de esas escritoras que no logran librarse de la cólera habrá deformaciones, desviaciones. Escribirá alocadamente en lugar de escribir con sensatez. Hablará de sí misma en lugar de hablar de sus personajes. Está en guerra con su suerte. ¿Cómo podrá evitar morir joven, frustrada, contrariada? Para Virginia, evidentemente, la literatura femenina no debería ser jamás iracunda, sino tan armoniosa y translúcida como la suya propia.

Había pues escogido mi tema, nada menos que el mundo de la política y la historia; así como mi estilo: un lenguaje completamente neutro y ecuánime, consagrado a hacer brotar la verosimilitud del tema, tal y como me habían aconsejado Simone y Virginia. Sólo me faltaba ahora encontrar el cabo de mi hilo, descubrir esa ventana personalísima, de entre las miles que dice Henry James que tiene la ficción, por la cual lograría entrar en mi tema. Pensé que lo mejor sería escoger una anécdota histórica, algo relacionado con lo que significó para nuestra burguesía el cambio de una sociedad agraria, basada en el monocultivo de la caña, a una sociedad urbana e industrial, así como la pérdida de ciertos valores que conllevó aquel cambio a principios de siglo, el olvido de un código de comportamiento patriarcal basado en la explotación pero también en ciertos principios de ética sustituidos por un nuevo código mercantil y utilitario que nos llegó del norte, el surgimiento de una nueva clase profesional con sede en los pueblos que muy pronto desplazó a la oligarquía cañera como clase dirigente.

Una anécdota basada en aquellas directrices me parecía excelente en todos los sentidos. No había nada más alejado de los latosos temas femeninos que un argumento como aquél. Escogido por fin el contexto de la trama, coloqué las manos sobre la maquinilla, dispuesta a comenzar a escribir. Bajo mis dedos temblaban, prontas a saltar adelante, las 27 letras del alfabeto latino como las teclas de un poderoso instrumento. Pasó una hora, pasaron dos, pasaron tres sin que una sola idea cruzara el horizonte pavorosamente límpido de mi mente. Había tantos datos, tantos sucesos novelables en aquel momento de nuestro devenir histórico, que no tenía la menor idea de por dónde debería empezar. Todo me parecía digno, no ya de un cuento, sino de una docena de novelas aún por escribir.

Decidí pasarme la noche en vela si fuera necesario: era imprescindible tener paciencia y no desesperar. La madurez lo es todo, me dije. Si me concentraba lo suficiente, encontraría por fin el cabo de mi anécdota. Comenzaba a amanecer y el sol había ya teñido de púrpura la ventana de mi estudio cuando, rodeada de ceniceros que más bien parecían depósitos de un crematorio, así como de tazas de café frío, me quedé profundamente dormida sobre las teclas silenciosas de la maquinilla.

Aquella noche triste me convenció de que jamás escribiría mi primer cuento. Afortunadamente la vida me ha enseñado que no importan los reveses a los que uno se ve obligado a enfrentarse, ellas nos sigue viviendo y aquella derrota nada tenía que ver con mi amor por el cuento. Si no podía escribirlos al menos podía escucharlos, y en la vida diaria siempre he sido ávida escucha de lo que cuenta la gente en la calle.

Unos días después me invitaron a almorzar en casa de mi tía. Sentada a la cabecera de la mesa, mientras dejaba caer una lenta cucharada de miel dentro de su taza de té, escuché a mi tía contar un cuento. La historia había tomado lugar en una lejana hacienda de caña a comienzos de siglo y su heroína era una parienta lejana que confeccionaba muñecas rellenas de miel. La extraña señora había sido víctima de su marido, un tarambana y granuja que había dilapidado su fortuna para luego echarla de la casa y amancebarse con otra. La familia de mi tía le había ofrecido techo y sustento, a pesar de que para aquellos tiempos la hacienda de caña en la que vivían se encontraba al borde de la ruina. Para corresponder a su generosidad la parienta se había dedicado a confeccionarle a las hijas de la familia muñecas rellenas de miel.

Poco después de su llegada a la hacienda la parienta había desarrollado un extraño padecimiento: la pierna derecha había comenzado a hinchársele y sus familiares decidieron mandar a buscar al médico del pueblo para que la examinara. El médico, un joven inescrupuloso, recién graduado de una universidad extranjera, diagnosticó que el mal era incurable. Aplicándole emplastos de curandero la condenó a vivir en un sillón, despojándola del poco dinero que la desgraciada había logrado salvar de su matrimonio. El comportamiento del médico era deleznable, pero lo que más me conmovió de aquel cuento no fue su canallada sino la resignación absoluta con la que, en nombre del amor, aquella mujer se dejó explotar durante veinte años.

Encendida la mecha, aquella misma tarde me encerré en mi estudio y no me detuve hasta que aquella chispa que bailaba frente a mis ojos se extinguió. Terminado mi primer cuento me recliné sobre la silla para leerlo, segura de haber escrito un relato completamente objetivo, absolutamente depurado de conflictos femeninos porque trataba del cambio social de una sociedad agraria a una sociedad urbana, donde la clase profesional del médico reemplazaba a la burguesía cañera. Pero aquella parienta extraña se había quedado con mi cuento, reinaba en él como una vestal trágica e implacable. Mi tema, bien que encuadrado en el contexto histórico y sociopolítico que me había propuesto, seguía siendo el amor, la queja y, ¡ay!, hasta la venganza. Era ella la que me había abierto por fin la ventana, antes herméticamente cerrada, de mi cuento.

Había traicionado a Simone, escribiendo sobre la realidad interior de la mujer; y había traicionado a Virginia, al dejarme llevar por la ira, por la cólera que me produjo aquella historia. Estuve a punto de arrojar el cuento al cesto de la basura para deshacerme de aquella evidencia que me identificaba con todas las escritoras que se habían malogrado en el pasado. Por suerte no lo hice y lo guardé al fondo de la gaveta de mi escritorio.

Han pasado muchos años desde que escribí "La muñeca menor", mi primer cuento, y creo que hoy puedo objetivar con mayor madurez las lecciones que aprendí aquel día. He descubierto que, cuando uno se sienta a escribir, detenerse a escuchar consejos, aun de aquellos maestros a quienes más admira, tiene resultados nefastos. De nada vale proponerse de antemano temas universales y objetivos si uno no construye primero su realidad interior; de nada vale escribir en un estilo neutro y armonioso, porque al escribir sobre los personajes el escritor escribe siempre sobre sí mismo, o sobre posibles vertientes de sí mismo.

Al identificarme con la extraña parienta de "La muñeca menor" yo había hecho posibles ambos procesos. Por un lado, había reconstruido, en su desventura, mi propia desventura amorosa y, por otro lado, al aceptar sus debilidades y sus fallas —su conformidad, su aterradora resignación— la había destruido en mi nombre. En cuentos posteriores mis heroínas han sido más valerosas y más positivas, quizá porque nacieron de las cenizas de "La muñeca menor". Su decepción fue, en todo caso, lo que me hizo caer de la sartén al fuego de la literatura.

II. *Cómo salvar algunas cosas en medio del fuego*

La literatura es un arte contradictorio: por un lado, es el resultado de una entrega absoluta de la voluntad a la tarea creativa y, por otro lado, tiene muy poco que ver con la voluntad, porque el escritor no escoge sus temas, los temas lo escogen a él. Hay dos voluntades envueltas al escribir: la voluntad de hacerse útil y la voluntad de gozo.

La primera está relacionada con los temas, con el intento de sustituir el mundo imperfecto en que vivimos por un mundo utópico, y es una voluntad *a posteriori*. Para una escritora la voluntad de hacerse útil debería de ser absolutamente ajena cuando empieza a escribir un cuento o una novela; declarar su adhesión a una causa o a un credo religioso o social podría ser peligroso y acabar en proselitismo. Pero el lenguaje es como la corriente poderosa de un río cuyas mareas laterales atrapan las lealtades y las convicciones, y el escritor a veces se encuentra atrapado por ellas.

Hace algunos meses, en ocasión de un banquete en conmemoración del centenario de Juan Ramón Jiménez, se me acercó un célebre crítico de cabellera plateada para hablarme. Con una sonrisa maliciosa y un guiño de ojo que pretendía ser cómplice, me preguntó, en un tono titilante y cargado de insinuaciones, si era cierto que yo escribía cuentos pornográficos y que, de ser así, se los enviara, porque quería leerlos. No tuve, por respeto a sus canas, que ahora me resultaban verdes, suficiente valor para mentarle respetuosamente a su padre, pero el suceso me afectó profundamente. Regresé a casa deprimida, temerosa de mi fama como autora de una nueva versión de la *Historia de O*.

Convencida de que el egregio crítico no era sino un ejemplar más de esa raza deleznable de escritores abiertamente sexistas que defienden la literatura como si se tratara de un feudo masculino, decidí volver aquel pequeño agravio en mi provecho.

Empecé a indagar sobre el tema de la obscenidad en la literatura femenina. La crítica literaria formulada por mujeres suele hoy aproximarse a la literatura desde muy distintos ángulos: el marxista, el freudiano, el sexual, etc. Tanto Sandra Gilbert y Susan Gubart en *The Madwoman in the Attic*, como Mary Ellen Moers en *Literary Women*, como Patricia Meyers Spacks en *The Feminine Imagination* estaban de acuerdo en lo siguiente: la ira, la inconformidad ante su situación había generado gran parte de la energía que había hecho posible la narrativa femenina durante los últimos dos siglos. Comenzando con la novela gótica del siglo XIX, cuya máxima exponente fue Mrs. Radcliffe, y pasando por las novelas de las Brönte, por *Frankenstein* de Mary Shelley, *The Mill and the Floss* de George Eliot, las novelas de Edith Wharton y, más recientemente, las de Jean Rhys, para dar sólo algunos ejemplos, la narrativa femenina se caracterizaba por un lenguaje a menudo agresivo y delator. Iracundas y rebeldes habían sido todas, señalaban las críticas, algunas más irónicas y sabiamente veladas que otras.

Una cosa, sin embargo, me llamó la atención: el silencio absoluto que guardaban en sus respectivos estudios las escritoras sobre el uso de la obscenidad en la literatura femenina contemporánea. Ninguna de las críticas abordaba el tema, a pesar de que un lenguaje proscrito parecería una de las armas más efectivas ante una situación de discriminación. Entre las primeras escritoras que utilizaron un lenguaje obsceno en sus obras en los Estados Unidos, por ejemplo, se encontraron Iris Murdoch, Doris Lessing y Carson McCullers, quienes le dieron por primera vez un empleo desenvuelto al verbo "joder". Pero las críticas no las mencionaban en sus bien

educados y respetuosos ensayos sobre la literatura fe-
menina contemporánea.

Entrar a fondo en este tema resultaría aquí imposi-
ble y mi propósito al abordarlo no fue sino dar un ejem-
plo de esa voluntad de hacerme útil que comparto con
las escritoras, y de la cual me doy cuenta *a posteriori*.
Cuando el insigne crítico me abordó en aquel banque-
te, señalando mi fama como militante de literatura por-
nográfica, nunca me había preguntado el propósito del
lenguaje obsceno en mis cuentos. Al darme cuenta de
la persistencia con que la crítica femenina circunvalaba
el escabroso tema, ese propósito se me hizo claro: vol-
ver esa arma, la del insulto sexualmente humillante y
bochornoso, blandido durante tantos siglos contra no-
sotras, contra la sociedad que fomenta esos prejuicios
inaceptables. Si la obscenidad había sido tradicional-
mente empleada para degradar y humillar a la mujer,
también podía ser doblemente efectiva para redimirla.
Si en mis cuentos "Cuando las mujeres quieren a los
hombres" o "De tu lado al paraíso" el lenguaje obsceno
ha servido para que una sola persona se conmueva ante
la explotación sexual de la mujer, no me importa que
me consideren una escritora pornográfica.

Escribir es para mí un conocimiento corporal que
tiene mucho que ver con la voluntad de gozo. Es sólo a
través del gozo que logramos dejar cifrado, en el testi-
monio de lo particular, la experiencia de lo general, el
testimonio de nuestra historia y de nuestro tiempo. Ese
gozo encandilado que se establece entre el escritor y la
palabra no se logra jamás al primer intento. El deseo
está ahí, pero el gozo es esquivo y nos elude, se cierra
como el moriviví al menor contacto. Pero si al principio
la palabra se muestra fría, indiferente a los requerimien-
tos del escritor, a fuerza de amarla y maltratarla, tajarla
y bajarla, va poco a poco cobrando calor y movimien-

to. La palabra entonces se vuelve tirana, reina en cada pensamiento del escritor, ocupa cada minuto de su día y de su noche, se le hace imposible abandonarla hasta que esa forma que ha despertado en ella y que ella ahora también intuye, alcance a encarnar. El secreto del conocimiento corporal del texto se encuentra en la voluntad de gozo, y esa voluntad es la que le hace posible al escritor cumplir con su voluntad de hacerse útil, de destruir y reconstruir el mundo.

Todo escritor posee un sexto sentido que le indica cuándo ha alcanzado su meta, cuándo el texto que ha venido trabajando ha adquirido ya la forma que debería tener. Ese momento es siempre un momento de asombro y de reverencia. Marguerite Yourcenar lo compara al momento en que el panadero sabe que ya debe dejar de amasar su pan. Virginia Woolf lo define como el instante en que siente la sangre fluir de punta a punta por el cuerpo del texto. La satisfacción que proporciona ese conocimiento es lo más valioso que un escritor puede salvar del fuego de la literatura.

III. *Cómo lograr la sabiduría en los guisos*
¿Existe una escritura femenina diferente a la de los hombres? ¿Y si existe, ha de ser apasionada e intuitiva, fundamentada sobre las sensaciones y los sentimientos como quería Virginia, o racional y analítica, inspirada en el conocimiento histórico, social y político, como quería Simone? Las escritoras de hoy, ¿debemos cultivar una literatura armoniosa, poética, pulcra, exenta de obscenidades, o hemos de ser defensoras de los valores femeninos en el sentido moderno, cultivando una literatura combativa, acusatoria, incondicionalmente realista y hasta obscena? ¿Hemos de ser Cordelias o Lady Macbeths? ¿Doroteas o Medeas?

Decía Virginia Woolf que su escritura era siempre femenina, pero que la dificultad estaba en definir el término. A pesar de que no estoy de acuerdo con muchas de sus teorías, concuerdo con ésta. Creo que las escritoras de hoy tenemos, ante todo, que escribir bien y esto se logra solamente dominando las técnicas de la escritura. Un soneto tiene 14 líneas, una rima y un metro determinado y es por eso una forma neutra, ni femenina ni masculina. Una novela, como dijo Rilke, tiene que ser construida ladrillo a ladrillo, con infinita paciencia, y tampoco tiene sexo. La mujer, sin embargo, tiene que trabajar mucho más que el hombre para lograr esas metas. Flaubert reescribió siete veces los capítulos de *Madame Bovary*, y Virginia Woolf reescribió 14 veces los capítulos de *Las olas*, porque era una mujer, y sabía que los críticos serían doblemente duros con ella.

Lo que digo puede que huela a herejía, a cocimiento pernicioso y mefítico, pero este ensayo trata, después de todo, de la cocina de la escritura. Pese a mi metamorfosis de ama de casa en escritora, escribir y cocinar a menudo se me confunden y descubro unas correspondencias sorprendentes entre ambas actividades. Sospecho que no existe una escritura femenina distinta a la de los hombres. Insistir en que sí existe implicaría la existencia de una naturaleza femenina distinta a la masculina. Esto implicaría una capacidad distinta en la mujer y en el hombre para la realización de una obra de arte, cuando estas capacidades son las mismas porque son fundamentalmente humanas. Una naturaleza femenina inmutable justificaría la existencia de un estilo femenino reconocible, caracterizado por ciertos rasgos de estructura y lenguaje que sería fácil reconocer en el estudio de las obras escritas por mujeres en el pasado y en el presente. Pese a las teorías que abundan al respecto, creo que estos rasgos estilísticos son debatibles. Las novelas de Jane Austen, por ejemplo, eran estructuras racionales, meticulosamente cerradas y lúcidas, diametralmente diferentes a las novelas diabólicas y apasionadas de su contemporánea, Emily Brönte. Y las novelas de ambas no pueden ser más diferentes de las novelas abiertas, fragmentadas y psicológicamente complejas de escritoras modernas como Clarice Lispector y Elena Garro. Si el estilo es el hombre, el estilo es también la mujer, y éste difiere profundamente, no sólo de ser humano a ser humano, sino de obra en obra.

En lo que sí se distingue la literatura femenina de la masculina es en los temas que la obcecan. Las mujeres hemos tenido en el pasado un acceso limitado al mundo de la política, de la ciencia y de la aventura histórica, aunque hoy esto está cambiando. Nuestra literatura se encuentra determinada por una relación íntima con nuestros cuerpos: somos nosotras las que gestamos los hijos y los damos a luz, las que los alimentamos y nos ocupamos de su supervivencia. Este destino que nos impone la naturaleza nos coarta la movilidad y nos crea problemas serios al reconciliar nuestras necesidades emocionales con las profesionales. Es por esto que la literatura de mujeres se ha ocupado en el pasado de experiencias interiores que tienen poco que ver con lo histórico, con lo social o con lo político. Es por eso también que su literatura es más subversiva que la de los hombres. Las mujeres se han atrevido a bucear en zonas prohibidas, vecinas a lo irracional, a la locura y a la muerte, mucho más que sus compañeros. Estos temas interesan a la mujer, no porque posea una naturaleza distinta a la del hombre, sino porque al tener que bregar con ellos a menudo, los entiende mejor. Pero esta experiencia puede cambiar, y será también cada día más accesible a los hombres.

Sospecho, en fin, que el interminable debate sobre si existe o no una literatura femenina es insustancial y vano. Lo que importa no es determinar si las mujeres debemos escribir con una estructura abierta o con una estructura cerrada, con un lenguaje poético o un lenguaje obsceno, con la cabeza o con el corazón. Lo importante es aplicar esa lección fundamental que aprendimos de nuestras madres, las primeras que nos enseñaron a bregar con fuego: el secreto de la escritura, como el de la buena cocina, no tiene absolutamente nada que ver con el sexo, sino con la sabiduría con la que se combinan los ingredientes.

Cómo escribir lo que no se puede decir

"La obra de Sor Juana Inés de la Cruz nos dice algo", afirma Octavio Paz en su libro *Sor Juana o las trampas de la fe*, "pero para entender ese algo debemos darnos cuenta de que es un decir rodeado de silencio; de lo que *no* se puede decir". "No pocas veces y casi siempre a pesar suyo los escritores violan ese código", dice Paz, "y dicen lo que *tienen* que decir. Por su voz habla la voz réproba —su verdadera voz—. Ésa fue la causa de las desdichas que sufrió Sor Juana Inés al final de su vida. Porque esas transgresiones *eran* y *son* castigadas con severidad".

Sor Juana Inés de la Cruz murió en México en 1694 —a los 46 años— y su muerte fue considerada por muchos un suicidio. Luego de una vida de producción literaria extraordinaria, se vio perseguida por el arzobispo de México, don Francisco Aguiar y Seijas, a quien tuvo que entregar todos sus libros e instrumentos musicales y científicos, prometiéndole que nunca volvería a escribir. Poco después de esto se entregó a cuidar a los enfermos de la peste que asolaba a la Ciudad de México, se contagió y murió a causa de la misma. Pero no sin antes haber escrito su extraordinaria carta "Respuesta a Sor Filotea de la Cruz", el primer documento literario feminista de América. No se equivocaba Paz en su libro al poner en presente el castigo por la transgresión de la escritura, aunque creo que se tomó una libertad indebida al insistir en que Sor Juana, al ser monja, pertenecía al sexo neutro, y que no escribía como *escritora* sino como *escritor*. La escritura a menudo sigue siendo hoy una transgresión castigada con severidad, y lo es doblemente si "el escritor" es una mujer.

Hoy las cosas han mejorado y las escritoras nos atrevemos a decir públicamente que somos escritoras. Decirlo no nos parece estúpido, como le pasaba a Agatha Christie, que siempre se identificó como "ama de casa" a pesar de haber publicado más de cuarenta novelas policiales. Pero la mujer que escribe sigue estando angustiosamente sola, sin el apoyo de críticos ni comentaristas. Tiene que escribir sus libros como quien dice a la sombra del culantro y del culantrillo que crecen al fondo del patio. Por eso a veces nos encontramos, como las brujas de *Macbeth*, dando vueltas alrededor del caldero de arroz con pollo a punto de volvernos locas. Más de 350 años después de su muerte, Sor Juana podría ser todavía nuestro *rol model*.

Sor Juana escribía para satisfacer su sed de conocimiento, síndrome que compartió con Pandora y con Eva, esas dos curiosas que afortunadamente no tuvieron que meterse a monjas para satisfacer su mal hábito. La relación entre el conocimiento y el pecado de la soberbia sólo se establece históricamente cuando el conocimiento lo adquiere una mujer. Sor Juana, haciendo poco caso a la Biblia, incluye en su "Respuesta a Sor Filotea" un listado de más de veinte mujeres egregias de la historia antigua que hicieron gala del conocimiento prohibido.

Al igual que Sor Juana, pienso que la rebelión es algo saludable. ¿Hubiese escrito Milton su gran poema en torno a un San Rafael zonzo con su pescado a cuestas, en lugar de en torno al soberbio y desafiante Lucifer? Ícaro, tan admirado por Sor Juana, ¿hubiese pasado a la historia si no se le derriten las alas por atreverse a volar tan cerca del sol? El pájaro que no se rebela nunca remonta el nido.

¿Cómo escribir lo que se *tiene* que decir; cómo hablar con la voz "réproba" a la que se refiere Octavio Paz, sin sufrir como Ícaro el calentón de los dioses? En Puerto Rico, como en muchas sociedades aisladas, toda literatura se considera autobiográfica y la ficción no existe. Nadie se limita a leer el texto; todos leen el metatexto: la historia del abuelito que le hacía pifia a la abuelita con su chilla; la casa de la hacienda que era mucho más lujosa de lo que tú dijiste en tu libro; el amarillo mítico de los pantaloncillos del bisabuelo prócer. Escribir es siempre correrse el riesgo de la censura de la familia (y en Puerto Rico la isla entera es "la familia"; todo el mundo sabe quién es el abuelo de quién), del castigo que hay que asumir por atreverse a descifrar el significado secreto de la infrahistoria. De pronto el profesor de sociología, el crítico chauvinista, la maestra de kindergarden del nene, el tío supersusceptible que tiene un Cadillac del mismo color que el del personaje del cuento lo señalan a uno con el dedo negro de la calumnia.

Sor Juana adoptó las tretas del débil para defenderse de fanáticos como el arzobispo Aguiar y Seijas, y su extraordinaria "Respuesta a Sor Filotea" es una de ellas. ¿Cómo deberá escribir hoy una mujer en Puerto Rico para lograr decir lo que *tiene* que decir, sin sufrir las trágicas consecuencias que sufrió Sor Juana? Tiene varias alternativas:

Puede escribir en tercera persona (algo muy recomendable).

Puede escribir en tercera persona y darle a sus personajes los nombres más extraños posibles. Resulta un reto apellidar a los personajes literarios en Puerto Rico, porque aquí los nombres de familia se entremezclan

como la verdolaga. Por ello un apelativo como Sinforo-
so Porrosverdes resulta idóneo para el protagonista de
una novela puertorriqueña.

Puede escribir en tercera persona, en español y en
un estilo enrevesado y postestructuralista, prestigiado
por la sofisticación autorreferencial, que le permita *ca-
mouflagear* hábilmente lo que *tiene* que decir, y publi-
car en Puerto Rico; con lo cual la bomba explotará al
cabo de algunos meses, cuando los lectores lean y "des-
cifren" su texto.

Puede escribir en tercera persona, en español, en
un estilo enrevesado y postestructuralista, y publicar
fuera de la isla, en España o en Latinoamérica, por ejem-
plo. La bomba explotará así dentro de uno o dos años,
cuando su obra llegue por cuentagotas a las librerías de
San Juan.

Puede escribir en tercera persona, en un estilo en-
revesado y postestructuralista, en un idioma extranjero
que nadie entienda y publicar su obra en la China, país
venerable y lejano. La bomba explotará dentro de unos
diez años, cuando el libro sea traducido al español.

Puede escribir en tercera persona, en un estilo en-
revesado y postestructuralista, en inglés, y publicar en
los Estados Unidos, donde el éxito de la obra puede
que le cree un colchón de seguridad en Puerto Rico, y
se empiece a leer por otras razones que no sea enterarse
del último chisme de la tía Panchita.

Puede escribir en primera, segunda o tercera per-
sona según se le antoje, en el estilo más claro y directo
posible y en español, publicar en Puerto Rico y suici-
darse poco después como Sor Juana.

Puede escribir sin ponerle atención a ninguna de
estas consideraciones, satisfecha de que ha escrito lo que
tenía que decir. Convencerse de que la obra sobrevivirá
gracias a la interpretación de sus lectores, y que cada

lectura nueva será una resurrección. Pensar que el verdadero valor de una obra literaria se encuentra en la manera en que, al leerla, el lector experimenta la misma necesidad de entender y conocer el mundo que siente el autor al escribirla. Sólo así encontrará el valor necesario para publicar su obra en Puerto Rico y atreverse a seguir viviendo.

Cómo poner un huevo

Es fácil comerse la tortilla cuando
no se han puesto los huevos.

DON ENRIQUE LAGUERRE

Nadie sabe lo mucho que sufre una gallina cada vez que
pone un huevo, pero me imagino que debe ser algo te-
rrible. Tiene que pujar y pujar en el silencio anónimo
del nido hasta que la puntita blanca del huevo empieza
a asomarle por el culo. Ese huevo ha estado madurando
durante semanas; y cuando por fin sale, la gallina cele-
bra su advenimiento con cacareo orgulloso de madre,
ya que en sus amorosos ojos su huevo es absolutamente
redondo y perfecto, protegido por su cápsula espacial.

Siempre he pensado que los escritores somos seres
híbridos, y lo mucho que se parece el oficio de escribir
al de poner huevos me lo confirma. Cada idea que ins-
pira un poema o un cuento es un chispazo eléctrico, una
pavesa de vida que nos llega misteriosamente del otro
mundo. ¿De dónde vienen los huevos que ponemos los
escritores? ¿Del universo invisible y microscópico del
cuerpo o del universo cósmico, del espacio sideral? No
lo sé; pero cada huevo arrastra consigo otros huevos;
vienen pegados unos a otros como los racimos de las
células que se dividen en el útero materno.

Y una vez puesto el huevo, una vez depositada la
idea bajo las plumas tibias y temblorosas del nido, apre-
tujado entre las patas encogidas frente a la computado-
ra durante horas para dejarle espacio y a la vez no permitir
que ruede fuera y se escape, el escritor o la escritora
debe tener una paciencia de siglos para lograr que la

partícula de vida encapsulada dentro de la página saque el pico fuera y empiece a piar.

Todo escritor o escritora sabe lo que es tener que estar durante horas dale que dale calentando un huevo, sin levantarse ni para una meadita, ni para tomarse un trago de agua a menos que sea absolutamente imprescindible. Porque a la menor corriente de aire que entre por la ventana, al menor paseo que se dé por San Juan para estirar un poco las piernas, al menor telefonazo que lo haga correr a contestar una llamada o a abrir la puerta, cuando regresa al nido encuentra el huevo pasmado, casi imposible de resucitar. Aunque por supuesto, tiene que levantarse de vez en cuando, porque estar sentado seis meses sobre un huevo sin ocuparse de la supervivencia equivaldría a un suicidio. Hay que ir volando al supermercado, cocinar TV *dinners*, dormir cinco horas en las noches, hacer el amor en tres minutos, limitar cada llamada telefónica a un minuto.

Describir el dolor que causa volver a sentarse sobre el nido cuando ha pasado el tiempo y el huevo ya está frío, es casi imposible. Es una tortura china, un castigo de *componte* para ponedores de huevo. Resulta tan doloroso como lo es para los astronautas atravesar la atmósfera una vez que han estado en órbita, libres de las fuerzas de gravedad de la Tierra. Las articulaciones duelen, se siente un hormigueo insoportable en las posaderas, se tiene que hacer un esfuerzo de voluntad heroico para no levantarse del nido y abandonar el huevo definitivamente. La distancia ha fomentado la indiferencia. El escritor ya no quiere saber nada de ese ser que ha de venir; lo ve como algo extraño que lo amenaza. Se le hace insoportable seguir imaginándolo, calentándolo con el pensamiento.

Pero hace un esfuerzo sobrehumano y se sienta de nuevo sobre el huevo. Mira entonces con nostalgia a su alrededor. La gente va al cine, viaja, visita el gimnasio, va de pasadía a la playa; los gallos cantan y exhiben sus maravillosas plumas sobre la verja del vecino; las mujeres andan a la peluquería y se pasan las horas pintándose el pelo y haciéndose las uñas; las flores se abren en los parques. Mientras tanto el escritor sigue sentado sobre su huevo, concentrado en su misión.

No poner el huevo una vez concebida la idea resultaría en una tortura peor. Muchos son los escritores que, llenos de huevos, no se atreven a ponerlos, porque hacerlo causaría una conmoción tal que podría conllevar el castigo máximo: acabar de cabeza en la olla y quedar convertidos en caldo. Y es que si el escritor se pone a pensar en lo que dirán sus superiores, sus compañeros de trabajo, sus vecinos, sus parientes, incluso su mejor amigo o amiga, al leer lo que el escritor ha escrito, el huevo se le queda atravesado en la trompa de Falopio y no hay pujo sobre la Tierra que lo obligue a salir. Con lo cual el escritor o la escritora que se autocensura se arriesga a sufrir el mismo fin que el que no lo hace, porque ya se sabe cuál es el triste destino de una gallina vieja que ya no pone huevos.

Escribir un cuento, una novela o un poema no es un oficio para los débiles de corazón, para los que se desesperan, los que ansían la fama instantánea o los que buscan enriquecerse de la noche a la mañana. Tampoco es para aquellas personas que no se atreven a enfrentarse a sus propias locuras. Cuando nos sentamos frente a la computadora, nuestros peores terrores y fobias agarran silla y se sientan en semicírculo a nuestro alrededor. Desde allí observan la pantalla y nos susurran al oído lo que debemos —o lo que no debemos— decir. El escritor se parece bastante al huevo que pone —es un aventurero y un suicida—; tiene que atreverse a tirarse de cabeza desde el tope de un edificio o de una montaña, abrir los brazos y salir volando, tal y como lo hará algún día ese ser que empolla pacientemente bajo sus plumas.

A menudo se da el triste caso del escritor que es víctima del crítico literario que aplasta su huevo no bien éste cae calentito al fondo del nido. Un crítico que conozco insiste en que, después de todo, una columna de crítica literaria no es más que una opinión subjetiva, que no hay que tomarla tan en serio. Pero el asunto no es siempre tan sencillo.

Es cierto que todo huevo que tiene algún valor literario, eventualmente empolla y remonta el vuelo, escapando del *locus provinciae* a pesar de la desplumada que le den los críticos. Y muchas han sido las obras que, inicialmente esquilmadas y aun censuradas por las autoridades locales, como por ejemplo *Madame Bovary* de Flaubert y el *Ulises* de Joyce, han llegado a reconocerse como obras maestras universales. Pero en lugares donde hay pocos recursos literarios la labor del crítico resulta importantísima: difundir la noticia del nacimiento de una nueva obra, dar a conocer a sus lectores de qué se trata y ayudar al público lector a comprenderla mejor. Los juicios críticos son más valiosos cuando son constructivos en lugar de destructivos.

Y ahora voy a hacer una pregunta que puede que me cueste más de un huevo restallado sobre la frente. Díganme, por favor, ¿dónde están los críticos de los críticos? ¿Por qué nadie se atreve a ponerle el cascabel al gato? ¿Será porque cada escritor está sentado sobre su huevo, rezando y pidiéndole a Dios que cuando la cría nazca los críticos se apiaden de él y lo dejen asomar el pico antes de torcerle el pescuezo? Enrique González Martínez, el poeta modernista mexicano, lo dijo muy bien cuando escribió aquello de "Tuércele el cuello al cisne / de engañoso plumaje". Aunque poeta al fin, su propósito no era destruir sino perfeccionar la obra literaria, y tuvo siempre un objetivo inspirador en mente.

Ofelia a la deriva en las aguas de la memoria

Language is the most salient mode of Heraclitean flux...
so far as we experience and realize them in linear
progression, time and language are intimately related;
they move and the arrow is never in the same place.
GEORGE STEINER, *After Babel*

What is translation? On a platter
A poet's pale and glaring head,
A parrot's screech, a monkey's chatter,
And profanation of the dead.
NABOKOV, *On translating Eugene Onegin*

Hace algunos meses tuve un sueño extraño. Soñé que
todavía vivía en Washington y que estaba a punto de irme
de allí para siempre. Me encontraba en la ribera del
Chesapeake & Ohio Canal, donde los lanchones colo-
niales de transporte navegan llenos de turistas, tirados
por cuerdas que dirigen los campesinos vestidos con tra-
jes de la época de las trece colonias. En mi sueño había
cruzado el C&O Canal muchas veces, sumergiéndome
hasta la cintura en el agua tranquila y vadeándolo sin
dificultad porque tiene poca profundidad. El césped de
la otra orilla, lustroso y verde, se parecía sospechosa-
mente a la campiña puertorriqueña. Esta vez, sin embar-
go, la travesía había de ser definitiva y me quedaría a
vivir en Puerto Rico. No quería quedarme varada en el
limbo agradable de Washington, peligrosamente alejada
de los problemas sociales y políticos de mi país. Me con-
vencí de que esta situación no podía continuar. Para
escribir con efectividad sobre los conflictos del mundo,
como saben bien los corresponsales de guerra, es necesa-
rio vivir en las trincheras y no sobre las colinas desde
las cuales se domina el campo de batalla.

Empecé a cruzar el C&O Canal y, justo cuando me encontraba a mitad de camino, escuché una voz fuerte decir que era necesario tomar todas las precauciones del lenguaje, porque las esclusas iban a abrirse y el nivel de las aguas subiría. Inmediatamente después alguien abrió las compuertas a mis espaldas y una ola empezó a desplazarse por el cauce, haciéndome perder pie y arrastrándome corriente abajo, de manera que me era imposible alcanzar ninguna de las dos riberas. Al principio luché nadando hacia un lado y otro, intentando agarrarme de la vegetación que crecía en la orilla mientras el pánico se apoderaba de mí, pero muy pronto me di cuenta de que la corriente era demasiado fuerte y que no me quedaba más remedio que dejarme llevar por ella.

Después de flotar un rato bocarriba como Ofelia sobre la superficie del agua, empecé a sentirme extrañamente relajada y tranquila. Miraba el paisaje que se deslizaba por mi lado mientras sentía la caricia fresca de la corriente. Washington a mi derecha y San Juan a mi izquierda unían sus reflejos en el Canal sobre el que me encontraba mágicamente suspendida, tal y como si me deslizara sobre un espejo ambulante.

El agua del Canal me hizo pensar en el espejo del ropero de mi cuarto, un enorme escaparate blanco con puertas biseladas que mis padres habían traído de Cuba cuando yo era niña. Me entretenía entonces cerrar un ojo y poner el otro muy de cerca del bisel, porque cuando lo hacía la izquierda y la derecha se trastocaban y acababan fundiéndose en una sola. El C&O Canal me producía el mismo efecto; en sus aguas el cielo y el agua, el norte y el sur, dejaban de ser lugares específicos y se convertían en estados pasajeros, imágenes en movimiento. El agua de las palabras "donde era necesario tomar todas las precauciones del lenguaje", era mi verdadera morada. Ni Washington ni San Juan, sino el pasaje entre ambas. Para ser escritor es necesario aprender a vivir soltando amarras, no aferrarse a esta o a aquella orilla sino aceptar el lugar de confluencia de la corriente.

Toda escritura es, en cierta manera, una traducción; un esfuerzo por interpretar el significado de la vida. El traductor de un texto literario actúa como el lente telescópico de su autor; tiene como meta lograr la comunicación a larga distancia. Lucha por conciliar culturas diferentes, salvando las barreras que establecen esos prejuicios y malentendidos que son el resultado de costumbres distintas y de diferentes maneras de pensar. El traductor lleva a cabo su labor en lo que va y viene el hacha de la interpretación; entre la enunciación del signo verbal (la forma) y la esencia (el espíritu) de la palabra. La distancia entre ambos ha sido la causa de innumerables guerras desde que el mundo es mundo; ha ocasionado la aniquilación de civilizaciones enteras.

Sólo un escritor que ha vivido la cultura de más de un lenguaje puede decirse que es un escritor bilingüe, y ser puertorriqueña me ha permitido conocer a fondo tanto la cultura latinoamericana como la norteamericana. La traducción no es sólo una labor literaria, es también una labor histórica, que exige la interpretación de la infrahistoria, de los procesos de cambio en el subconsciente de una civilización. Un poema de Góngora, escrito en el siglo XVII, puede interpretarse literalmente, pero no puede leerse sin tomar en consideración la compleja red de significados culturales que se encontraban implícitos en el Renacimiento español. El lenguaje es como una membrana viva, que recoge el palpitar de la historia; por eso se encuentra en constante cambio. Cada civilización está hasta cierto punto prisionera de los límites de su lenguaje, que debe regenerar y reestructurar continuamente, para sobrevivir a los cambios históricos inevitables.

Traducir una obra literaria (aun la propia) de un lenguaje a otro, es siempre una interpretación cultural, como puede verse en las novelas de Nabokov y Vassily Aksyonov, por ejemplo; ambos escribieron en ruso y en inglés, y ajustaron sus obras a paisajes culturales muy distintos.

Hay, curiosamente, el mismo tipo de interpretación cultural envuelta cuando uno lee un poema del siglo XVII español, que cuando uno traduce al inglés una novela latinoamericana contemporánea. En el continente americano las culturas que coexisten hoy se encuentran situadas en tiempos históricos muy distintos. En América Latina hay naciones que siguen siendo sociedades feudales, agrarias y totalitarias. En los Estados Unidos, por otra parte, existe una sociedad tecnológicamente superdesarrollada y pragmática. Al traducir las obras de los escritores latinoamericanos contemporáneos (como al leer un poema de Góngora) es imposible olvidar las diferencias culturales que se deben a este desfase histórico. Es por esto que las novelas de escritores como Carlos Fuentes, Gabriel García Márquez e Isabel Allende, que describen los procesos de transformación y lucha dentro de sociedades agrarias en América del Sur, resultan tan distintas de novelas como las de Saul Bellow, Phillip Roth y John Updike, a quienes les interesan más los complicados enredos de la psique dentro de las ciudades modernas de Norteamérica.

Traducir mi propia obra me ha enseñado que, en última instancia, la identidad cultural resulta imposible de transcribir. Las sociedades latinoamericanas se encuentran edificadas sobre una fe en los valores absolutos que tiene a menudo su origen en los preceptos de Santo Tomás de Aquino y, por lo tanto, de Aristóteles. Estos preceptos intentan reconciliar el pensamiento y la fe cristianas con las verdades de la ciencia y del universo natural. En España (como en América Latina) nunca tomó lugar la revolución científica de la época moderna; nunca hubo filósofos como Hobbes y como Locke, de manera que ha faltado una tradición de pensamiento pragmático que defienda los principios de la libertad individual y del contrato social.

Al traducir algunos de mis textos me di cuenta de que estos problemas existían también al nivel del lenguaje. En primer lugar, la tradición literaria española (y latinoamericana) permite un margen mucho más amplio para los juegos de palabras y los malabarismos lingüísticos que la tradición norteamericana contemporánea. (No diré que la inglesa o la irlandesa, donde autores como James Joyce responden a otra tradición.) En Puerto Rico, como en el resto de América Latina, se nos hace partícipes desde niños de unas destrezas de prestidigitación lingüística que tienen a menudo como propósito desafiar los prejuicios sociales y las estructuras establecidas por medio del humor. Al interpretar el significado tradicional de las palabras, el niño puertorriqueño (al igual que el escritor) pone en tela de juicio el orden social que se ve obligado a aceptar incondicionalmente, sin participar en sus procesos de autoridad. Este desafío por medio del humor y del juego lingüístico tiene que ver con cierta actitud heroica (el relajo, la bachata, la joda) de raíz anárquica, que es parte de la personalidad latina; pero también tiene que ver con la fe en la cual el niño se educa, así como con la creencia en los valores sobrenaturales.

La fe cristiana, como la entendían Santo Tomás de Aquino y los padres de la Iglesia, tiene como fundamento la creencia en la posibilidad de la Utopía, en unos valores absolutos afirmados por una sociedad que pretende lograr la salvación del alma en el otro mundo, en lugar de en unos valores pragmáticos que tienen como fin hacer más eficaz y productiva la convivencia social en éste. De esta manera, los juegos de palabras como "Tenemos mucho oro, del que cagó el moro", o "Tenemos mucha plata, de la que meó la gata", le permiten al puertorriqueño enfrentar, y al mismo tiempo desafiar por medio de la imagen lingüística, la pobreza de recursos de la isla; y dichos tales como "El día que la mierda valga algo, los pobres nacerán sin culo", le permiten emitir un juicio social implacable.

Pero la fe en el poder mágico de la imagen, en su poder de transformar el mundo, es sólo una de las razones por las cuales al escritor latinoamericano le gusta emplear *calemboures* y juegos de palabras. Hay también una razón histórica y geográfica, que quizá ayuda a explicar por qué el estilo barroco parece ser el preferido por los escritores latinoamericanos. No es por casualidad que la estructura literaria de novelas como *Los pasos perdidos,* de Carpentier; *Gran Sertón Veredas,* de Guimaraes Rosa, o *Tebas de mi corazón,* de Nélida Piñon, a menudo nos recuerda los retablos barrocos de las iglesias del Brasil, del Perú y de México. Cuando los conquistadores llegaron al Nuevo Mundo en el siglo XV trajeron consigo el idioma y la cultura españolas; pero ese idioma, sobrepuesto a las complejidades de la cultura indígena, así como a las enrevesadas formas del mundo vegetal americano y a la enorme diversidad de su flora y de su fauna, comenzó a cambiar. La literatura española del siglo XVII se enriqueció con la influencia de la realidad americana y se volvió tan barroca como su paisaje. Don Luis de Góngora y Argote, por ejemplo, quien nunca visitó las colonias españolas de América, posiblemente no hubiese escrito las *Soledades* (donde un náufrago europeo alcanza la salvación en las playas del Nuevo Mundo), poema que se considera la culminación del estilo barroco, si el español no hubiese sido el lenguaje con el cual se colonizaron México y el Perú.

Lezama Lima se refiere a este problema en su ensayo "La expresión americana". Allí señala que el estilo literario de Góngora, así como el de su sobrino, el mexicano don Carlos de Sigüenza y Góngora, y el de Sor Juana Inés de la Cruz, por ejemplo, se desarrollaron simultáneamente al estilo barroco de Kondori, el indio escultor del Perú, donde se da "la síntesis de lo español y lo indio, de la teocracia hispánica y el solemne ordenamiento pétreo de lo incaico". *Paradiso,* la novela de Lezama, cuya compleja estructura lingüística compite con los laberintos enrevesados de la selva amazónica, es un buen ejemplo de la importancia de la estética barroca en la novela latinoamericana contemporánea.

El realismo mágico es un tercer aspecto que contribuye a definir la tradición literaria latinoamericana frente a la norteamericana. El realismo mágico, como dice Carpentier en su conocido prólogo a *El reino de este mundo,* implica una fe en lo sobrenatural que resulta muy difícil de adquirir cuando se proviene de un país donde imperan el respeto por lo razonable, así como por el conocimiento tecnológico y pragmático. Regresamos aquí nuevamente al asunto de cómo la matriz cultural determina hasta cierto punto los temas que preocupan a la literatura. En países tecnológicamente superdesarrollados como los Estados Unidos, por ejemplo, lo mágico aparece a menudo en novelas de ciencia ficción como las de Ray Bradbury e Isaac Asimov, quienes prefieren situar sus mundos imaginativos en esferas donde lo mágico todavía puede operar y donde el escepticismo que acompaña el conocimiento inductivo todavía no ha imperado.

Cuando empecé a traducir mi novela *Maldito amor* al inglés, los problemas a los que me refiero se me hicieron evidentes. El primer obstáculo con el que me tropecé fue el título. "Maldito amor" es una expresión idiomática que resulta imposible traducir al inglés. Se trata de un amor a medio camino entre la maldición y la condena, que participa de ambas sin ser plenamente ninguna. "Maldito amor" resulta muy distinto de "amor maldito", que implica un amor de naturaleza diabólica. Como el adjetivo "maldito" antecede al sustantivo "amor", esto sugiere el énfasis exclamativo de un juramento o de una queja, a pesar de que falta el signo de exclamación. Como estos matices se perdían al traducir el título al inglés, tuve que sustituirlo con otro: *Sweet Diamond Dust*.[*]

La imposibilidad de traducir me hizo también podar las oraciones en español, porque sonaban momificadas. Reescribir la novela en inglés me obligó a enfrentarme nuevamente a los mismos temas, aunque con un instinto diferente. Me sentí como un perro que persigue una misma presa que ha cambiado súbitamente de rastro. Mi fe en el poder de la imagen, así como en los juegos de palabras, me resultaba insostenible, y los sucesos se volvieron más importantes. La historia debía tener una dirección práctica, una línea de acción definida. Como resultado, me puse a leer libros sobre la historia de Puerto Rico y sobre la industria de la caña, que me permitieron situar los hechos de la novela en un contexto histórico más preciso.

¿Es posible traducir un texto literario cuando nos enfrentamos a las enormes diferencias culturales en las cuales todo lenguaje se encuentra incrustado? Hay dos teorías al respecto, y ambas tienen que ver con la filosofía del lenguaje. Una sostiene que las estructuras del lenguaje son universales, y que todos los hombres participan de ellas. "Traducir", dice George Steiner, "es des-

---

[*] Rosario Ferré, *Sweet Diamond Dust*, Ballantine Press, Nueva York, 1988.

cender más allá de las diferencias exteriores de dos lenguajes distintos, para poner en juego vital los análogos y... comunes principios del ser."

La segunda teoría afirma que en el lenguaje hay "estructuras universales tan profundas que son, o inconmensurables a la investigación lógica y psicológica, o de una naturaleza tan abstracta y generalizada que se vuelven finalmente triviales". Esta posición extrema afirma que la verdadera traducción resulta imposible, y que lo que pasa por traducción es una serie de analogías aproximadas del sentido, "una similaridad en bruto, que resulta tolerable sólo cuando los dos lenguajes y las dos culturas en cuestión son consanguíneas". En otras palabras, si la traducción toma lugar entre dos lenguajes que pertenecen a la misma familia de lenguas romances (como el español y el italiano, por ejemplo), la traducción es posible o soportable; si toma lugar entre dos lenguas y culturas radicalmente distintas (como el español y el coreano, por ejemplo), resulta en el fondo imposible.

La segunda teoría me parece más verosímil que la primera. Traducir un texto literario es algo muy distinto que traducir el lenguaje de todos los días, y creo que la traducción literaria podría quizá evaluarse de acuerdo con los cambios que se reflejan en el espectro, al pasar la luz solar a través de él. En la extrema izquierda se encontraría la poesía, donde el significado no puede nunca separarse enteramente de la forma, y es por ello un misterio intraducible. Sólo se puede transcribir o reproducir un poema en una sombra del original. Por esto Robert Frost dice: "La poesía es lo que se pierde en la traducción", y Ortega y Gasset habla de "las melancolías del traducir". Un poco más hacia el centro se encontraría la ficción en prosa, donde el lenguaje simbólico y poético puede alternar con el lenguaje analítico. Allí se podrían situar las novelas y los poemas en prosa que hacen uso del lenguaje metafórico con diferente intensidad, y que se encuentran dirigidos tanto a la comprensión intuitiva como a la exposición racional del sentido. En el extremo derecho podrían situarse los ensayos literarios que tienen un propósito histórico, sociológico o político, como por ejemplo los ensayos de Euclides Da Cunha en el Brasil, de Fernando Ortiz en Cuba, o de Tomás Blanco y Antonio S. Pedreira en Puerto Rico. Estos textos son quizá los menos difíciles de traducir, y a pesar de ello las lagunas que tiene el lector al enfrentarse a los significados implícitos de culturas tan diferentes pueden ser considerables.

Traducir la propia obra, por otra parte, suele ser una experiencia inquietante. Es uno de los pocos momentos en que se puede ser deshonesto y no sentirse culpable por ello, casi como si le ofrecieran a uno una segunda oportunidad para corregir los errores del pasado y vivir de manera distinta. El escritor se vuelve su propio crítico; el superego lo lleva, quizá traidoramente, a creer que puede mejorar el original, sobrepasarse a sí mismo. La tradición popular ha identificado la traducción con la traición durante mucho tiempo: *Tradutore tradittore*, afirman los italianos; "*la traduction est comme la femme, plus qu'elle est belle, elle n'est pas fidèle; plus qu'elle est fidèle, elle n'est pas belle*", dicen los franceses, siempre igual de machistas. Pero cuando se trata de la propia obra, la traición resulta inevitable para mejorar el original. Esto provoca un sentimiento de euforia en el escritor, que se siente como si se estuviese hundiendo en el pecado sin tener que pagar las consecuencias. El instinto se vuelve su único faro. "El traductor fiel escribe lo correcto", le susurra un diablito en el oído izquierdo, "el infiel transcribe lo que más le conviene."

Como para muchos de mis compatriotas, el exilio fue para mí durante muchos años un estilo de vida. Ir y venir de los Estados Unidos, del inglés al español, sin perder el sentido de identidad, puede llegar a ser una experiencia angustiante. Implica una reconciliación de mundos antagónicos, que muchas veces se ven más verdes desde el otro lado. Los puertorriqueños sufrimos esta dicotomía con diversa intensidad, según nuestra situación económica. Los que forman parte de la "fuga de cerebros" de años recientes, constituida por profesionales ingenieros, doctores, arquitectos que emigran hoy a los Estados Unidos en busca de mejores niveles de vida, pueden darse el lujo de mantener la memoria pulida y bien alimentada, visitando el lugar de los Lares con relativa asiduidad. Aquellos que se van huyendo de la pobreza o de la criminalidad, del caos civil de nuestros barrios de clase media baja, como los choferes de taxi, los ascensoristas o los mozos de restorán, se ven a menudo obligados a ser implacables con la memoria, en su lucha por integrarse a una sociedad que los discrimina cruelmente.

La traducción de obras literarias puertorriqueñas cobra, para todos los puertorriqueños que emigran, pero sobre todo para estos últimos, una importancia fundamental. Al verse obligados a adaptarse para sobrevivir, los hijos de padres puertorriqueños a menudo rehúsan aprender el español, la literatura y la historia de su patria. Este suicidio cultural constituye una pérdida trágica, ya que, al perder el lenguaje, se pierde también el camino que permite entrar a la comprensión de uno mismo. La traducción puede ser una solución parcial a esta situación. Leer sobre su país y sobre su cultura, aunque sea en inglés, puede ayudar a restañar la melancolía de los expatriados puertorriqueños, al devolver la memoria a su verde morada. La neurosis colectiva que nos aflige, y que nos lleva a soñar con el Paraíso perdido mientras batallamos por la supervivencia, sea en los arrabales de

Harlem o en los de los Bravos de Boston, sea en los repartos de clase media de Hartford y de College Park, quizá podrá volverse así menos dolorosa.

Como Ofelia a la deriva en el canal de la memoria, o como la niña a la que le gustaba ver desintegrarse el mundo en el bisel del espejo de su cuarto, el vivir lejos de Puerto Rico me permitió ver cómo la izquierda se confundía con la derecha y la derecha con la izquierda sin sentir pánico por ello y sin perder el sentido de dirección. Me vi obligada a nadar lejos de ambas orillas, dando brazadas tanto en inglés como en español, porque mi destino era vivir por la palabra. Descubrí que las escritoras, como los escritores, pueden sobrevivir viajando entre mundos distintos, no sólo el hispano y el anglo, sino el femenino y el masculino. ¿Es posible para un hombre escribir como una mujer y viceversa? ¿Es posible para una escritora entrar en la mente de un hombre; pensar, sentir y soñar como sueñan los hombres? De primera intención la idea parece absurda, porque en el fondo sólo podemos escribir sobre lo que somos, sobre lo que hemos experimentado en nuestra propia carne. Y sin embargo, la mente y su expresión más visible, el espejo de la palabra, es mimético por naturaleza. Según Leibniz, el lenguaje no es sólo el vehículo del pensamiento, sino también su medio determinante. Podemos leer, estudiar e incorporar el conocimiento de otros mundos al nuestro. El lenguaje (el pensamiento), al ser incorpóreo, puede entrar y salir de su objeto (de su blanco) a voluntad; puede transformar su objeto, crearlo y destruirlo como le sea necesario. En este sentido la tradición cabalística habla de un logos, o de una palabra sagrada que yace, como un manantial oculto, en la raíz de toda comunicación humana. El origen divino de la palabra le concede al escritor un poder creador que justifica su intento de entrar en modos de ser diferentes al suyo (sajón o latino; masculino o femenino), de cuya experiencia ha participado.

El lenguaje no es para mí una revelación divina o un esquema inalterable, sino una forma de crear, o de re-crear el mundo. Si escribir me ha permitido autorizar (volverme autora de) mi propia vida, ¿por qué no ha de permitirme también entrar en (y transferir al agua de la memoria) las vidas de otros personajes, sean éstos hombres, mujeres o niños? Esto es algo que me pregunto a menudo y para lo cual quizá no encuentre una respuesta, pero me parece importante intentarlo.

De la ira a la ironía

> El acero es un discurso
> que sirve por ambos lados,
> de dar muerte por la punta,
> por el pomo de resguardo.
> SOR JUANA INÉS DE LA CRUZ

Cuando pensamos en la ira pensamos de inmediato en Homero, en el pasaje con el que comienza *La Iliada*: "La ira de Aquiles es mi tema, esa ira fatal que, en cumplimiento de la voluntad de Zeus, trajo a los aqueos tantos sufrimientos y envió a las almas valientes de tantos hombres a las profundidades del infierno." Mi tema es otro: me interesa la ira del discurso femenino, atemperada por los minuciosos martillos de la ironía.

La ira movió a innumerables mujeres a escribir durante siglos. Pienso en Sor Juana, monja esgrimista, que blandió contra sus enemigos el estilete raudo de su verso. Pienso en Mrs. Radcliffe, autora de *Los misterios de Udolfo*; en Mary Shelley, creadora de *Frankenstein*; en las hermanas Brönte. Todas ellas fueron escritoras iracundas, que personificaron en sus heroínas enloquecidas y en sus monstruos de origen gótico los sentimientos de rebelión que experimentaron ante una situación injusta. El hecho de que Virginia Woolf se pronunciara en contra de la ira en su ensayo *Una habitación propia* resulta sintomático de hasta qué punto la ira se había convertido en el motor principal del discurso femenino de la Inglaterra de su tiempo. Y sin embargo, la ira también fue para Virginia un elemento fundamental de su obra. Como los libros de las escritoras inglesas que ella critica, *Una habitación propia* es un ensayo construido sobre la ira, sólo que sobre una ira trascendida, purificada por el crisol de la ironía.

La ironía consiste precisamente en el arte de disimular la ira, de atemperar el acero lingüístico para lograr un discurso más efectivo. Según la *Enciclopedia de términos poéticos* de Princeton, tanto la ironía dramática como la ironía literaria se encuentran construidas sobre la simulación: en la primera funciona el juego de palabras —se dice lo contrario de lo que se quiere decir—, y en la segunda se establece una comunicación secreta entre el espectador-lector y el autor; comunión que disimula, ante los personajes de la obra, la develación de los hechos de la trama. Hamlet comulga irónicamente con su destino cada vez que acepta inocentemente de manos de su madre la copa de vino que los espectadores sabemos está envenenado.

En la ironía funciona un tercer elemento, sin embargo, que no está definido en los manuales literarios pero que suele ser común a los que han manejado el género. La ironía implica un proceso de desdoblamiento en el autor, durante el cual el yo se divide en un yo empírico e histórico, y en un yo lingüístico. En realidad, el don irónico se concreta cuando el primer yo del escritor, el formado por su experiencia en el mundo, toma conciencia de la existencia de ese segundo yo que lo constituye en signo, en materia de esa misma historia que está narrando. Esta experiencia de distanciamiento, de objetivación del yo histórico, es lo que le permite al lector observarse a sí mismo, así como también al mundo, desde un punto de vista irónico y literario.

En su ensayo *Blindness and Insight*, Paul de Man señala las ventajas de adoptar la ironía como género en nuestro siglo por sobre otros tipos de discurso.

> Cada vez nos es menos posible hablar de nuestra experiencia humana en términos históricos al darnos cuenta de la imposibilidad de demostrar nuestro ser

histórico... Curiosamente, parece ser que al desarrollar un tipo de lenguaje que no quiere decir lo que dice, logramos finalmente decir lo que queremos decir.*

El consejo de De Man resulta particularmente eficaz en el caso del discurso femenino. La cantidad de discursos irónicos en muchas de las escritoras que nos han precedido es prueba de que las mujeres hemos escrito siempre con el dedo en la llaga. Desde las redondillas de Sor Juana, "Hombres necios que acusáis", a los versos de Sylvia Plath, "La perfección no puede tener hijos", la obra de las escritoras ha superado la ira a través de la ironía. La necesidad de la distancia histórica y del atemperamiento de los temas feministas por medio de la ironía ha sido asumida por muchas escritoras contemporáneas.

En mi caso, *Papeles de Pandora*, mi primer libro, fue sin duda un libro iracundo. La ira sirvió en él un doble propósito: por una parte arremetió contra la mudez impuesta a la mujer sobre ciertos temas hasta entonces considerados tabú en nuestra sociedad y, por otro, expresaba el terror que sentía ante mi inclinación a censurarme, a callar lo que necesitaba desesperadamente decir. Hoy puedo medir con mayor precisión la importancia que tuvo para mí en aquel momento la capacidad para encolerizarme ante el espectáculo de ciertas injusticias que me parecía imprescindible denunciar, como la explotación sexual de la mujer en "Cuando las mujeres quieren a los hombres", y el estigma social adjudicado a los homosexuales en "De tu lado al Paraíso".

Papeles, sin embargo, a pesar de estar escrita en carne viva, incluye ya la promesa del juego irónico. El

---

* De Man, Paul, *Blindness and Insight*, Minneapolis, University of Minnesota Press, 1983, pp. 112-113.

juego del sin querer queriendo, del prestidigitador que oculta lo que necesita desesperadamente revelar, está presente en cuentos como "La muñeca menor", "Cuando las mujeres quieren a los hombres", "El collar de camándulas", "La bella durmiente", "De tu lado al Paraíso" y "Maquinolandera". Creo que estos seis cuentos tuvieron mucho que ver con mi descubrimiento de la ironía y en todos ellos está presente el tema del doble: la niña que se convierte en muñeca, Isabel la Negra e Isabel Luberza, Armantina y la madre de Arcadio, María de los Ángeles y Carmen Merengue, la novia y el sirviente afeminado, Lhuz, Ruz e Iris. En ningún momento me propuse este desdoblamiento *a priori*, sino que surgió naturalmente mientras escribía los cuentos. Los relatos que acabo de mencionar fueron escritos en el exacto orden cronológico en que se encuentran colocados en el libro. "La muñeca menor" fue el primer cuento que escribí y "Maquinolandera" el último.

Cuando iba más o menos por la mitad de *Papeles de Pandora* me di cuenta de que me estaba sucediendo algo insólito. En cada nuevo cuento la anécdota se hacía cada vez más tenue y el lenguaje más complicado. Al escribir "Maquinolandera" el lenguaje reinaba supremo sobre una anécdota casi inexistente, el yo lingüístico había anulado al yo histórico. Comprendí que ese camino estaba cerrado para mí. En mis libros posteriores preferí aspirar a un mayor balance entre lo anecdótico y lo textual.

Mi libro de poemas *Fábulas de la garza desangrada* adquirió desde el principio una mayor perspectiva histórica, gracias a que yo había escrito antes un libro de ensayos, *Sitio a Eros*. El tema de ambos es el mismo: cómo la mujer —histórica en *Sitio a Eros*, mítica en *Fábulas*— se encuentra dividida irremediablemente entre su necesidad de transar con las fórmulas que la sociedad impone para evitar el caos y la anarquía que perjudican el bien social, y su necesidad de persistir en la búsqueda del amor, que tiene como meta no la posesión del amado sino la trascendencia. En *Sitio a Eros* este problema está presente en un grupo de mujeres notables, que lograron sublimarlo de diversas maneras. *Sitio a Eros* es un libro didáctico, pero sin pretensiones académicas. Los ensayos no son de análisis literario, sino una serie de "ejemplos" dirigidos a un público de lectoras jóvenes. Por ello el libro está dedicado a mi hija, que era una adolescente por aquel entonces. Quería que las vidas de las mujeres allí narradas le sirvieran de alguna manera de modelo, para que la ayudaran a sobreponerse a los conflictos que habría de enfrentar más tarde.

En *Fábulas de la garza desangrada* el tema de *Sitio a Eros* aparece transformado en símbolo. La alegoría, recurso principal del libro, me permitió alejarme de un tema cuya pasión inicial había sido temperada en *Sitio a Eros*. La ironía de este libro depende de los mitos: Antígona, Desdémona, Ariadne, por ejemplo, tienen un final muy distinto del que originalmente tuvieron en la historia. Ellas encarnan los conflictos históricos de la mujer: Antígona derrota a Creonte, el *pater familias*; Desdémona envenena a Otelo; Ariadne aborta al Minotauro.

Fábulas de la garza desangrada, al igual que todos mis libros, aspiró a un crecimiento, a recorrer un camino en una dirección desconocida. La lucha entre el yo histórico y el yo lingüístico, que en *Papeles de Pandora* se resolvió a favor del segundo, alcanzó en ese libro, gracias a los varios niveles de ironía, un equilibrio de fuerzas. La alegoría irónica demostró ser, en este sentido, una enorme ventaja: me permitió la elaboración de un lenguaje que, como en el cuento "Maquinolandera", alcanzaba su expresión más efectiva gracias a su independencia del yo histórico, sin que me viese obligada a sacrificar la anécdota.

A pesar de que *Fábulas* constituyó un aprendizaje gracias al balance de tensiones internas, ese libro es también para mí hoy un camino cerrado. La búsqueda de nuevas formas permanece hoy, como lo ha sido siempre, mi meta principal. Sea cual fuere la forma de mis libros futuros, sin embargo, no olvidaré jamás la lección de *Papeles*: la ironía ha de ser el estilete que sirva, como quería Sor Juana, "de dar muerte por la punta, por el pomo de resguardo".

Entre Clara y Julia

Si del no ser venimos y hacia el no ser marchamos,
nada entre nada y nada, cero entre cero y cero,
y si entre nada y nada no puede existir nada,
brindemos por el bello no ser de nuestros cuerpos.
JULIA DE BURGOS

¡Mirar el mundo todo como brusca humorada
y a cambio de su nada darle también mi nada!
CLARA LAIR

Clara Lair y Julia de Burgos constituyen hoy un arcano.
Sus vidas, así como también sus obras, permanecen en-
vueltas en el misterio. Esto no resulta sorprendente, dada
la personalidad de nuestros compatriotas. A los puerto-
rriqueños nos encantan los misterios, porque nos per-
miten elucubrar historias fantasiosas alrededor de ellos.
Un buen chisme puertorriqueño tiene más potencial de
entretenimiento que veinte telenovelas mexicanas o ve-
nezolanas, sobre todo si se encuentra sazonado con un
poco de verdad que, como la pimienta en el guiso,
suele sacar a flote los taimados sabores de la mentira.

Algo similar sucede hoy con Clara y Julia. Las his-
torias sobre ambas abundan, pero casi nadie ha estu-
diado a fondo su poesía. No existen biografías de ellas,
y escasamente hay media docena de ensayos críticos
publicados sobre sus obras.

Clara y Julia son como el positivo y el negativo de
una misma foto: la vida de una es la copia en reverso
de claridad y sombra de la vida de la otra. Sus obras
poéticas tienen mucho en común; constituyen el último
envión de la poderosa corriente femenina del posmo-
dernismo a comienzos de siglo. El que sus obras se
desconozcan en el continente no las hace pertenecer

menos a esa extraordinaria generación de escritoras hispanoamericanas que las precedieron.

Clara Lair es el seudónimo entrañable, por su provincialismo ingenuo, de Mercedes Negrón Muñoz. Clara por lo transparente y translúcido de la imagen femenina; Lair o L'air por ser claridad echa de aire. El ardid premeditado del seudónimo le permite a la mujer aristócrata desvanecerse tras una vaharada levemente reminiscente a perfume francés.

Clara nació en Cidra en 1894. Cidra era entonces un pueblo de 20 mil habitantes, en las laderas del escarpado macizo central de la isla. Sobrina de Luis Muñoz Rivera y prima de Luis Muñoz Marín, a los 20 años Clara emigró con su familia a Nueva York. Se establecieron en el Village, y Clara trabajó durante un tiempo como secretaria de un banquero neoyorquino, el Príncipe de Park Avenue. A él le dedica su primer libro, ya sorprendentemente irónico en su acercamiento al amor: *Un amor en Nueva York*. Clara compara la vida cálida, llena de sentimiento, color y sabor de la isla, con la vida en esa tierra "fabulosa y triste" de trenes elevados y rascacielos, donde las flores y los alimentos son inodoros e incoloros, como de "invernadero".

En 1937 —cinco años antes de llegar Julia—, Clara abandona Nueva York. Al regresar a Puerto Rico la sombra de una figura monumental comienza a proyectarse sobre la isla. Luis Muñoz Marín, su primo, fundador del Partido Popular Democrático, adquiere cada vez más influencia sobre su destino. En 1944 don Luis llega a la gobernación y permanece en el poder durante 24 años. Clara y Muñoz compartían no sólo la niñez común en las fincas de Cidra y Barranquitas y los años que coincidieron en el Village, sino también un auténtico amor por la poesía. Muñoz Marín, como su padre antes que él, también fue poeta, aunque sus versos no lograron elevarse más allá de las almenas del Palacio de la Fortaleza.

El romance entre Clara y Muñoz Marín no se menciona en ninguna de las biografías que se han escrito sobre el prócer hasta el presente; pero permanece vivo en la mente colectiva como un bello rumor. Clara reside en un pequeño departamento situado detrás del Palacio, donde se rumora que Muñoz la visitaba y le enviaba una rosa blanca semanalmente. El edificio todavía existe, sus blancos balcones en arco con aleros de rejas recuerdan un dilapidado palomar, desde donde se domina la espejeante bahía de San Juan.

En *Trópico amargo* Clara publica una serie de poemas en los cuales alude a Muñoz Marín con ingenuidad desafiante, llamándolo irónicamente *El Líder*. Por un lado Clara alaba las proezas heroicas del "homagno", mientras que, por otro, le recuerda de dónde viene, hablándole de ese pasado pedestre que ambos compartieron y del cual el "homagno", por más que suba en la escalera de la fama, nunca podrá librarse.

Clara pasó los últimos años de su vida en soledad total, acompañada por una docena de gatos que vivían con ella en su departamento frente al mar. Se decía que estaba loca, que no se bañaba y que no limpiaba las necesidades de los animales, cuyo hedor le resultaba insoportable a los vecinos. Pero no se suicidó. Desde su desvencijado palomar vio pasar un día el sepelio de su poderoso amigo, en tránsito desde la Fortaleza hasta el camposanto de San Juan, y siguió viviendo por mucho tiempo más. Murió a los 80 años, de muerte natural.

Julia Burgos nació en Carolina; sus padres eran campesinos arrendatarios. Éstos perdieron su pequeña fortuna durante los últimos años de la década de los treinta —la década negra, por la magnitud del hambre y la pobreza que asolaban la isla—. Julia era mulata, de ojos verdes y pelo castaño claro. Su madre tuvo que hacer grandes sacrificios para enviarla a estudiar a la Escuela Normal de la Universidad de Puerto Rico.

Julia adoptó también, como Clara, un seudónimo. Cuando empieza a escribir no se firma "Burgos", sino "de Burgos". El "de" es un intento ingenuo de enaltecer el nombre y la casta, identificándose con la antigua ciudad castellana, sede de visigodos y cristianos viejos. Su nombre se llena así de ecos románticos, que nos trasladan al mundo del Cid.

Julia es una poeta más importante que Clara, no sólo porque escribió mucho más, sino porque su visión del mundo es más universal. Julia tocó temas que ninguna escritora latinoamericana había tocado antes que ella, como, por ejemplo, el tema racial, la emancipación de los obreros y la lucha de clases. La confluencia de las vidas de las poetas es evidente: ambas estudiaron en Nueva York por más de una década; ambas desafiaron las normas sociales de su época. Hasta sus diferencias de origen sirven para hermanarlas. El origen patricio de Clara y el humilde de Julia desembocaron en una misma pasión: el deseo de adquirir, contra viento y marea, un conocimiento intelectual que entonces sólo era patrimonio de los hombres, y de hacerse de una carrera literaria. Pero en esa lucha a pluma armada que constituyó sus vidas, Clara supo defenderse mejor. A diferencia de Julia, cuyos poemas muchas veces se consumen, como los de las poetas posmodernistas hispanoamericanas, en fatuas hogueras suicidas, Clara construye sus poemas con los restos irónicos de esa hoguera. En ellos la pasión amorosa cede lugar al reconocimiento del don poético, a esa sabiduría del poder creador que es ya razón suficiente para seguir viviendo.

Escribir entre dos filos

Empecé a escribir en el verano de 1954, a los 16 años, para el viejo *El Día* que se publicaba entonces en Ponce. Ese periódico era muy distinto de *El Nuevo Día*, el moderno diario que publica hoy más de 400 mil ejemplares en San Juan. El viejo *El Día* publicaba dos mil ejemplares y tenía una prensa de plana antigua. Mi padre se lo compró por $50 000 dólares a Jorge Lucas Valdivieso cuando estaba a punto de cerrar. A mi madre aquello le pareció una locura porque creía que el periódico era un mal negocio. Pero a mi padre no le importó. El viejo *El Día* era el último periódico de Ponce, y él pensaba que un pueblo que se quedaba sin periódico se quedaba sin alma.

Hacia 1944, mi padre y yo íbamos a veces a las oficinas del rotativo en las noches porque a él le gustaba charlar con los redactores y a menudo escribía él mismo los editoriales. Mientras mi padre trabajaba, yo me ponía a jugar con los linotipos de letras sueltas de la prensa con que se formaban las palabras a mano. Era algo que me encantaba hacer, llenándome siempre los dedos de una tinta espesa y como de calamar, pero que tenía olor a petróleo y gas. Pensar que las palabras que rodaban por mi lengua eran "levantadas" en plomo y luego bañadas en tinta para ser impresas sobre la página me resultaba fascinante.

Mi padre me dejó publicar varios artículos "para que me distrajera durante las vacaciones de verano", pero no me permitió nunca trabajar allí. En mi juventud las niñas de buena familia no estaban supuestas a trabajar fuera de la casa y, desde luego, en el viejo *Día* nunca me pagaron por mis colaboraciones. Recuerdo que escribí por aquella época un artículo truculento sobre el Cementerio Viejo de Ponce que se encontraba entonces abandonado y en un estado de deterioro pavoroso. Había jaurías de perros por todas partes; desenterraban los huesos de los próceres y de las antiguas familias venidas a menos y corrían con ellos en la boca por entre las tumbas. Sin embargo, el espectáculo resultaba edificante, porque nos daba una lección sobre la vanidad del mundo. "La muerte nos espera a todos", lo titulé pomposamente.

Varias personas llamaron por teléfono al periódico, quejándose por la publicación de aquella basura. Pero poco después el alcalde mandó a cerrar las tumbas y a adecentar el cementerio. Gracias a ese artículo descubrí que la palabra impresa podía ser un instrumento útil, porque señalaba situaciones que debían corregirse y estimulaba a la gente a pensar.

Mucho después me mudé a vivir a Washington D.C., donde viví por ocho años e hice mi doctorado en literatura española y latinoamericana. Gracias a los neorriqueños, a los peruanos y a los mexicoamericanos que conocí allí, aprendí que la nacionalidad no depende únicamente del lenguaje. Ser de un país y de una cultura implica una manera íntima de ser y de pensar; una manera de tratar a los padres y a los hijos; una manera de sentir devoción, alegría o ira. Aprendí que se puede ser puertorriqueño sin saber hablar español; pero, sobre todo, que se puede ser puertorriqueño hablando español e inglés, y escribiendo correctamente ambos.

Debido a nuestras circunstancias históricas los puertorriqueños hemos contribuido a la creación de una nueva topografía cultural en América Latina. La hibridez cultural, racial y social es lo que nos define como pueblo. En mi opinión, el continente entero asumirá estas mismas características de frontera durante el siglo XXI: América (Norte y Sur) unida en una sola frontera, la del "Nuevo Mundo". El siglo XX se caracterizó en América por la lucha contra las dictaduras políticas, contra los prejuicios raciales y de género. El siglo XXI se caracterizará por la democracia cultural y la batalla contra los nacionalismos excluyentes.

Esta situación nos lleva directamente a repensar los presupuestos del idioma. El bilingüismo es la realidad del futuro de América (del Norte y del Sur). Hablar español e inglés nos da una ventaja enorme, porque hablar más de un idioma amplía nuestro pensamiento. Es como si uno se cambiara de lentes; un lenguaje le devela a uno cosas que el otro le oculta. Uno puede enfocar ciertos temas que el paso de un idioma a otro —como si se tratara de filtros— le permite depurar. Cada idioma que aprendemos es una mina de conocimiento nuevo, no sólo por la accesibilidad a datos e información, sino porque nos devela actitudes vitales nuevas, que nos ayudan a vivir más ampliamente.

A los 13 años mis padres me enviaron a estudiar a un colegio protestante en Massachusetts. En el colegio del Sagrado Corazón de Ponce donde yo estudiaba, todas las materias se daban en español, pero en Dana Hall todo era en inglés. También había que confesarse semanalmente, y el sacerdote era un especie de policía cascarrabias que escuchaba lo que uno le decía en la oscuridad y se afanaba por controlar nuestra imaginación. En el colegio de Massachusetts, por el contrario, no había que confesarse con nadie. Lutero había dicho que uno se confesaba con uno mismo y le pedía perdón a Dios en privado. No había que dejar entrar a nadie en el cuarto sagrado de la imaginación. Éste fue un descubrimiento fundamental para mí. Desde entonces relacioné el inglés con la rebelión y la independencia personal —lo que equivalía a atreverme a rezarle a Dios directamente, en lugar de a través de intermediarios.

La lectura de libros en los dos idiomas —en español y en inglés— me llevó al descubrimiento de esa Gran Dama que subyuga a sus vasallos con sus poemas, novelas y cuentos: la Señora Literatura. Desde los siete años me robaba los libros de la biblioteca de mi padre y me leí *Wuthering Heights* y *Jane Eyre,* de las hermanas Brönte; *Los tres mosqueteros* y *El conde de Montecristo* de Alejandro Dumas y muchos libros más. En estas lecturas las voces de mis héroes se mezclaban en un coro que me instaba a ser como ellos, sin que me preocupara en lo absoluto lo diferentes que eran entre sí. Mi vida no ha sido finalmente como la de ninguno de los autores de esos libros, excepto en una cosa. De ellos aprendí la persistencia por alcanzar una meta. También aprendí que la imaginación era un arma poderosa; con ella se podía intentar cambiar el mundo, reconstruirlo según un concepto diferente de la justicia.

La imaginación humana no puede existir sin la literatura; ambas participan del inconsciente colectivo. Ningún escritor escribe solo, encerrado en un cuarto y monologando consigo mismo. Nadie es en el fondo responsable de lo que escribe —hasta cierto punto la literatura es como los sueños, todos soñamos lo mismo en algún momento de nuestras vidas, sólo que algunos nos dedicamos a intentar capturarlo sobre el papel.

Escribir en ambos idiomas, español e inglés, ha sido para mí una experiencia valiosa. El lenguaje es para el escritor lo que la pintura para el pintor: su instrumento vital. Y las letras con las que yo jugaba de niña en los linotipos del viejo *Día* son las mismas en inglés y en español. En ambos idiomas configuran un instrumento que me permite pensar.

Mi decisión de escribir y publicar en inglés cuando salió publicada mi novela *La casa de la laguna,* hace seis años, resultó sumamente controversial. Se me tildó de hacerlo estrictamente por razones mercenarias —para vender más libros y ganar dinero—. Se me acusó de traicionar los valores patrios que se fundaban principalmente en la lengua española, y de no ser ya una escritora puertorriqueña. Se hizo caso omiso de que yo he continuado escribiendo en español —a cada libro escrito en inglés sigue inmediatamente una versión mía al español—, y que desde que escribo en inglés y en español mis libros han logrado una distribución mucho mayor en Europa y los Estados Unidos.

Todo esto era de esperarse. Durante casi cien años la afirmación de la identidad puertorriqueña por medio del español ha sido de suma importancia. La amenaza de la asimilación por la cultura norteamericana sigue siendo una amenaza real. Pero hoy día la realidad puertorriqueña es mucho más compleja que hace cincuenta años, y nuestra identidad así lo refleja. El mundo ha cambiado, y el inglés es cada vez más parte de nuestro subconsciente colectivo, sin cederle un ápice a nuestro dominio del español. La doble visión que nos permite el bilingüismo es lo que nos caracteriza hoy culturalmente como puertorriqueños, tanto o más que nuestro amor por la salsa, por la comida criolla, y el sincretismo religioso y racial.

Considero que tanto mis libros en español como mis libros en inglés son originales. Una idea puede nacer en una lengua, y al pasar a otra se adensa, se estira, se enriquece o se clarifica, pero nunca se empobrece. Los lenguajes son filtros en los que el pensamiento se mueve y hierve, en candente estado de magma. Las palabras-ideas son la expresión del río de la imaginación, que nunca se detiene.

Tengo que reconocer que, pese a que el español es la lengua que amo apasionadamente y se siente en mi boca como en su casa, nunca me he sentido muy española. Quizá se deba a que los españoles persiguieron y mataron a varios de mis antepasados en la guerra de independencia de Cuba, por lo cual la familia de mi padre nunca vio a los "cachacos" con buenos ojos. Quizá se deba a que los españoles maltrataron a Puerto Rico aún más que a Cuba. No olvidemos que cuando los miembros del Ateneo de San Juan intentaron fundar una universidad en la capital, costeándola con sus propios fondos, los españoles no se lo permitieron. No querían que los puertorriqueños nos educáramos, porque un pueblo ignorante podía esclavizarse más fácilmente.

En años pasados me sentí preocupada porque el constante salpicón de palabras anglosajonas pudiera acabar por tragarnos, y quedáramos irremediablemente chupados por el inglés como los seres de *The Body Snatchers*. Esta preocupación sigue en pie, y habría que atacar el problema de la bastardización del español en Puerto Rico con un programa de educación que exija el respeto al idioma natal.

Recientemente, sin embargo, me he sentido amenazada de otra forma: en mi americanidad. La Marina norteamericana se ampara en el presupuesto de que somos ciudadanos estadounidenses por decreto, y no por votación, para seguir bombardeando a Vieques. Como ciudadanos estadounidenses y puertorriqueños, el bombardeo de Vieques es un crimen imperdonable. El mundo se hace cada vez más pequeño, Europa abraza en su seno una docena de nacionalidades, Asia va por el mismo camino. Y a nosotros en Puerto Rico nos dicen que tenemos que dejar de ser más para ser menos. Que debemos ser puros para evitar las confusiones. Que tenemos, en fin, que escoger entre ser ciudadanos norteamericanos o ciudadanos puertorriqueños. La pureza, sea nacional o racial, me aterra. Me hace pensar en los nazis. Prefiero tener ambas ciudadanías y hablar los dos lenguajes. Soy una ciudadana del Nuevo Mundo —de América del Norte *y* de América del Sur— y seguiré escribiendo en español y en inglés aunque sobre mi cabeza se crucen las espadas.

Entre el ser y el tener

Mi primer libro —*Papeles de Pandora*—, publicado en 1972, causó furor tanto por sus temas feministas como por el uso indiscriminado de un lenguaje chocante que no era común en boca de las mujeres. Vivía convencida entonces —como sucede todavía— de que no hay palabras sucias ni limpias, malas ni buenas. Creo que todas las palabras son maravillosas, y que si en algo la madre naturaleza fue justa con las mujeres fue en que nos concedió el don de la palabra en la misma medida en que se lo concedió a los hombres. El que los hombres muchas veces nos lo prohibieran fue un abuso posterior lamentable.

Papeles de Pandora rompió muchas barreras y ayudó a crear un ámbito de libertad en el mundo literario puertorriqueño. Fue un libro influido por la década de los sesenta y por los movimientos de lucha en pro de los derechos civiles que tomaron lugar en esa época. El texto añade la voz de protesta de la mujer a las voces de inconformidad que se elevaban en ese momento —del movimiento estudiantil, del movimiento de lucha por la igualdad racial, del movimiento obrero—. Es un libro airado, pero a la vez lleno de energía. Tiene alguna influencia de los escritores barrocos caribeños, como Lezama Lima y Alejo Carpentier; así como un toque de surrealismo que le viene de la obra de Felisberto Hernández y Julio Cortázar, dos escritores rioplatenses sobre los cuales escribí mi tesis de maestría y mi tesis doctoral, respectivamente.

Escribí mi novela *La casa de la laguna* 22 años más tarde, primero en inglés y luego en español. Me propuse con ello romper las barreras de aislamiento que hasta ese momento me habían hecho imposible publicar fuera de la isla. Mi estrategia tuvo éxito, y luego de aparecer en inglés, la novela se publicó en varios idiomas. La versión al español que yo misma elaboré salió publicada en España y en Latinoamérica algunos meses después.

En *La casa de la laguna* aparecen muchos de los temas que ya se encuentran presentes en *Papeles de Pandora*. El tema de la discriminación racial, por ejemplo, es importante, y la descripción de una sociedad en la cual las razas, como las lenguas, están en serio conflicto, pero que también se fecundan profundamente. El tema principal de la novela es la lucha de Isabel Monfort por hacerse escritora al elaborar a escondidas el manuscrito de su obra. La construcción de la identidad es algo secreto; no puede revelarse a ojos ajenos porque da mala suerte y paraliza el proceso. La censura de Quintín Mendizábal, el marido de Isabel, pende continuamente sobre el texto como una espada de Damocles. Quintín se opone a que Isabel termine la novela porque percibe que en la medida en que ella medre como escritora y como profesional, él se debilitará como persona. Esto solía suceder a menudo en los matrimonios de antes, donde la mujer vivía una vida anónima, sumando su actividad a la del hombre hasta perder su nombre.

La ambigüedad de la vida, la relatividad de toda verdad, es algo que también me había interesado en *Papeles de Pandora*, especialmente en el cuento "Cuando las mujeres quieren a los hombres". En ese cuento hay dos Isabeles (antecesoras de Isabel Monfort): Isabel Luberza e Isabel la Negra, la esposa y la querida de Ambrosio, que narran la misma historia desde perspectivas opuestas. La relatividad de toda verdad es el tema principal tanto de este cuento como de *La casa de la laguna*.

En *La casa de la laguna* Isabel Monfort cuenta su vida desde un punto de vista muy distinto de como la cuenta Quintín Mendizábal, su esposo. La lucha por la palabra se transforma poco a poco en una lucha por el poder, y al final de la novela el personaje cuya versión se impone se ve obligado a asesinar en defensa propia al personaje cuya versión queda sometida.

En ambos textos la vida es una lucha entre realidad y ficción, historia e imaginación, pero es ante todo una lucha por la palabra. El silencio, equivalente al olvido, a la erradicación de toda memoria en el hueco del no ser, es el enemigo a muerte de estas Isabeles, cuya existencia está consagrada a repetir, una y otra vez, la historia de sus vidas. Para derrotar el silencio al que han estado condenadas son capaces de prostituirse, y hasta de matar. Lo que importa es que al final su verdad permanezca recogida en la memoria de la colectividad.

El descubrimiento de la literatura fue para mí algo maravilloso. A los siete años descubrí en la biblioteca de mi casa *Wuthering Heights* y *Jane Eyre,* de las hermanas Brönte; *Los tres mosqueteros* y *El conde de Montecristo.* Como estudié en un colegio de monjas católicas en Ponce, donde se oía misa todos los días, y después en Dana Hall, un colegio protestante de Nueva Inglaterra donde asistía a vísperas los domingos, mis lecturas fueron siempre eclécticas: el evangelio de la pasión de San Juan, que tuve que aprenderme de memoria en el Colegio del Sagrado Corazón y recitar frente a la clase durante la Cuaresma, lo sustituyó la *Vida de Martín Lutero,* el reformador religioso que arrancaba las bulas de indulgencia injusta de las puertas de las iglesias de Alemania, que también tuve que aprenderme de memoria.

En las lecturas de mi juventud las voces de mis héroes se entremezclaban en un coro que me inspiraba deseos de *ser* como ellos, sin que me preocupara en lo absoluto lo contradictorios que eran.

Mi vida no fue como la de ninguno de los héroes de mi niñez. Y sin embargo, de ellos aprendí el entusiasmo por perseguir un objetivo, por alcanzar una meta. Los héroes de mis libros me enseñaron que sólo se puede ser feliz amando algo intensamente, persiguiendo con absoluta libertad un fin que nos define como seres sensitivos y pensantes. Desgraciadamente, la sociedad moderna pone su énfasis más en el *tener* que en el *ser*, y ambas actitudes vitales se encuentran a menudo reñidas entre sí.

En los libros de cuentos y en las novelas que leí de niña muchas veces encontraba respuestas a los misterios del mundo de los adultos, que no entendía cabalmente. Descubrí que la imaginación era un arma poderosa; con ella se podía cambiar el mundo, reconstruirlo según un concepto diferente de la justicia. Si tenía que obedecer a mis padres, a mis maestros, a los adultos que me rodeaban y que siempre se pasaban corrigiéndome o mandándome a hacer algo, en mi imaginación yo era libre y nadie podía obligarme a hacer nada, ni siquiera a decirles lo que estaba pensando.

Los libros de mi juventud me llevaron al descubrimiento de la literatura, esa Gran Dama que subyuga y seduce a sus vasallos. La imaginación no puede existir sin rendirle culto a la literatura. Es la madre alimenticia de todo escritor, la que lo consuela en sus momentos difíciles y le permite participar del subconsciente colectivo. Ningún escritor escribe solo, encerrado en un cuarto y monologando consigo mismo. Ningún escritor es en el fondo completamente responsable de lo que escribe. Ya lo dijo Jorge Luis Borges en su poema "Una brújula":

Todas las cosas son palabras del
Idioma en que Alguien o Algo, noche y día,
Escribe esa infinita algarabía
Que es la historia del mundo. En su tropel

Pasan Cartago y Roma, yo, tú, él,
Mi vida que no entiendo, esta agonía
De ser enigma, azar, criptografía
Y toda la discordia de Babel.

Detrás del nombre hay lo que no se nombra;
Hoy he sentido gravitar su sombra
En esta aguja azul, lúcida y leve,

Que hacia el confín de un mar tiende su empeño,
Con algo de reloj visto en un sueño
Y algo de ave dormida que se mueve.

La literatura es un diálogo con los fantasmas —los que nos han precedido y los que vendrán después—. En una novela de James Michener una niña que acaba de leer *Anne of Green Gables* le pregunta a la bibliotecaria si todo lo que estaba en la novela había sucedido en realidad. Y la bibliotecaria le contesta: "Sí. Porque sucedió en la imaginación del escritor y también en tu mente, al leer la novela. La literatura es un diálogo de sueños, y los sueños existen." La bibliotecaria de Michener tenía razón. Gracias a la literatura, la vida puede ser una aventura apasionada, un perpetuo viaje de descubrimiento.

¿Cómo descubrir lo que a uno le apasiona cuando es joven? ¿Qué viene primero, el apetito o el gusto? A las personas por lo general les gusta hacer lo que saben hacer bien, pero eso no quiere decir que todo el mundo haga mal lo que no le gusta. Yo conozco muchas personas que viven haciendo muy bien lo que *no* les gusta. En ciertos casos a la gente le gusta hacer aquello que han visto toda la vida en sus hogares, porque se sienten cómodos. Por eso los hijos de médicos, abogados y músicos que adoptan la profesión de sus padres son un fenómeno bastante común, y es muy hermoso cuando esto sucede. Se han criado en ambientes donde han adquirido ciertas técnicas, un lenguaje, un modo de mirar el mundo y esto los vuelve hábiles en ciertos campos. Otros practican una profesión porque les permite vivir decorosamente y adquirir respeto propio; otros porque sienten una verdadera vocación de ayudar al prójimo.

Pero sólo el que se enamora a fondo de su profesión es auténticamente feliz. Sólo así llegamos a ser seres humanos completos; vivir para ser en lugar de para tener.

Homenajes

La fiesta de Ponce, de Rafael Ríos Rey

Hace alrededor de dos años, poco después de la muerte de un tío mío, papá y yo fuimos juntos al viejo edificio de las Empresas Ferré, en la Playa de Ponce. Se le estaban devolviendo los papeles de los ficheros de mi tío a sus sucesores, y papá quería darles un último vistazo. Al abrir la puerta del elevador en el tercer piso, salimos a un vestíbulo oscuro y polvoriento, que quedaba frente al antiguo salón de conferencias de las Empresas. Una pintura enorme se nos abalanzó encima en la semioscuridad. La falta de luz, así como la cercanía con la cual estábamos obligados a mirarla, hacía difícil apreciar de lo que se trataba. Las filtraciones de la lluvia habían caído sobre ella en un par de lugares, pero aparte de eso se encontraba en sorprendente buen estado.

Papá, asombrado ante lo que veía, empezó a examinar la pintura con detenimiento. Cuando le pregunté que si no se acordaba de que estaba allí, me confesó que, aunque la había visto cientos de veces, se le había escapado de la memoria. "No fui yo quien se la encargó a Rafael Ríos Rey, sino mi hermano", me dijo, "que era muy amigo de dar fiestas y era compadre del pintor."

La pintura, en efecto, describía una gran fiesta en la cual el barullo y el desorden llegaban a tal extremo que otra persona menos comedida que mi padre la hubiese calificado de "juerga". La energía que se desprendía de los personajes, la voluptuosidad de las formas, el enloquecido ritmo de las líneas resultaba impresionante en la oscuridad de aquel muro polvoriento y olvidado. "Es un testimonio de mi hermano José", me dijo papá entre triste y complacido, "de su pasión por todo lo que tuviera que ver con la música, con el baile, con la vida de Ponce." Sus palabras me hicieron recordar que mi tío había regresado a Ponce luego de vivir en la Florida durante mucho tiempo, porque había querido morir en su pueblo.

La pintura de Ríos Rey no es exactamente un mural, porque está ejecutada sobre lienzos individuales, pero emplea la técnica del mural. Ríos Rey heredó su afición por la pintura de su padre, Octavio Ríos, quien fue escenógrafo del Teatro La Perla de Ponce, así como de su abuelo, Juan N. Ríos, quien también fue pintor y músico. Su obra evidencia una clara influencia de Diego Rivera y el muralismo mexicano; al igual que ellos, trató de reflejar en sus obras una expresión de la vida social del puertorriqueño, que contribuyera a la definición de su identidad cultural. Rey exalta al obrero del azúcar y al obrero de la máquina como las dos grandes fuerzas creadoras del pueblo puertorriqueño. Luis Castro Quesada, en un artículo de 1948, cita a Ríos Rey en el periódico *El Mundo* diciendo: "Yo soy un obrero del arte. Mi obligación es trabajar con tesón, con limpieza, con probidad. No soy un esteta ni un intelectual."

En *La fiesta de Ponce* la vida surge por todas partes como una fuerza incontrolable. Ríos Rey no pinta a la "gente bien"; pinta al hombre del pueblo —al obrero y al campesino— entregado a sus celebraciones sagradas y profanas. El Ponce urbano, el del carnaval, los vejigantes y los personajes folclóricos están al lado izquierdo; y el Ponce rural y arcádico, un villorrio rodeado de cañaverales, se extiende hacia la derecha.

Rafael Ríos Rey nació en 1911 y murió en 1980, el mismo día en que murió don Luis Muñoz Marín. Este hecho contribuyó a que su muerte pasara injustamente desapercibida. Ríos Rey es hoy, en la opinión del pintor Torres Martinó, un "egregio desconocido" de la pintura puertorriqueña. Casi nunca aparece mencionado en los libros sobre arte puertorriqueño, y sus murales han sufrido una suerte parecida. Su obra merece ser reproducida y estudiada, recogida en los libros sobre arte puertorriqueño como uno de nuestros grandes pintores de este siglo.

Rafael fue un autodidacta. En 1936 vivió en Nueva York, donde estudió la técnica de la acuarela con Nathaniel Dirk. Vivió también en México, donde estudió con José Chávez Morado y Jorge Best, y escenografía con López Mancera en el Instituto Nacional de Bellas Artes de México. Su obra incluye, entre otras cosas, el mural que se encuentra en el *lobby* del Banco Popular de Hato Rey; los murales de la antigua casa del señor José Ferré, en La Alhambra —hoy residencia del doctor Pedro Vincentí—; el mural *La caña*, que se encuentra en el lobby del edificio del antiguo Banco Crédito y Ahorro Ponceño en la Plaza de las Delicias en Ponce; el mural que se encuentra en el mausoleo de Luis Muñoz Rivera en Barranquitas; el mural del primer piso del antiguo edificio de las Empresas Ferré en la Playa de Ponce, y el mural *La fiesta de Ponce*, que se exhibe hoy en el *lobby* de Plaza del Caribe en Ponce.

En este mural, Ríos Rey se pinta a sí mismo como un joven espejuelado en la esquina superior izquierda, con lo que aparenta ser un pincel en la mano (Diego Rivera, en el mural del antiguo Hotel del Prado, también se introduce en su obra como un niño, con un sapo asomado al bolsillo). El joven pintor, vestido con camisa blanca, se asoma por sobre la enorme grupa de una mujer que baila enloquecida con la escoba. Desde allí pinta a Ponce con su pequeña escoba (su pincel), con la misma energía con que la mujer "baila a Ponce", o lo barre con la escoba grande. Ponce queda así reducido a escenario, a telón de fondo tras del cual el pintor contempla asombrado el espectáculo de su pueblo.

Éste es un cuadro lleno de misterios, de sucesos que el pintor contempla pero que no intenta explicar. Uno de ellos es la dedicatoria, que se encuentra en la esquina inferior derecha: "A Emmy, 1953", una hija de Ríos Rey que muere prematuramente. El carnaval de Ponce es la primera imagen que el pintor contempla; es el recuerdo más cercano al misterio —el vejigante que azota a los niños con su vejiga amarrada a una rama delgada mientras grita: "¡Vejigante a la boya, pan y cebolla!" Lo siguen el chivo Pepe pidiendo dinero con su pandereta, la mujer con máscara de tela pintada, el diablo con cuernos y uñas como puñales, el ataúd-batea donde va el "entierro de la sardina"—. Carabuco, uno de los personajes folclóricos de Ponce, es el mulato que padece elefantiasis del escroto —misterio aterrador para un niño—. Se desplaza con orgullosa elegancia, vestido con el traje de hilo y sombrero de Panamá del hacendado, por entre los vejigantes que bailan enloquecidos a su alrededor. En la esquina inferior izquierda, separado del barullo por la manga roja de un vejigante como por una cortina de teatro, se asoma Siquí, el pelotero negro que retrató don Miguel Pou, con la P de Ponce impresa sobre la visera roja de su gorra.

En la Fiesta de la Santa Cruz de Mayo se aglomera una segunda muchedumbre que canta frente a un altar de tres escalones forrados de papel maché. Junto a ella un grupo musical toca la guitarra, el guícharo y las claves. El grupo lo dirige don Julio Alvarado, que toca la flauta. Es un grupo de músicos blancos y mulatos, que ameniza en las fiestas de Cruz en las casas de Ponce, y que también en ocasiones forma parte de la orquesta de música clásica en el Teatro La Perla. Un segundo grupo, el de los pleneros de Bumbum, se dobla sobre sí mismo al son de los bongoses que los músicos tocan como si fueran panderetas, poseídos por el ritmo de la música. Sinfonfín, el acordeonista de mano, entierra la cabeza calva por entre los dobleces de su acordeón, como escabulléndose del ojo inquisitivo del espectador.

El sincretismo de Ríos Rey lo lleva a colocar estos dos grupos musicales al centro del panorama de Ponce: la música blanca de salón, la que se canta en las Fiestas de Cruz y en el Teatro La Perla, junto a la música negra de La Playa, la plena y la bomba que se toca en el arrabal vecino a los muelles. Y sobre ambos grupos, pintado en un sepia tenue que le da un aspecto misterioso de fantasma, flota Juan Morel Campos, cuya música funde el genio de lo negro y el genio de lo blanco, lo netamente puertorriqueño y lo ponceño.

Los iconos de Ponce se arremolinan en profusión alrededor de estos dos grupos musicales, y destacan su importancia fundamental: el escudo del león sobre el puente, la bandera roja y negra, el coche de Ponce, el Parque de Bombas, las quenepas, el niño que vocea a gritos el periódico *El Día,* Brincaicógelo Maruca, el negro descalzo que se apostaba a la salida del cine gritando su pregón: "*Hersheybarskissesmilkyways*" en un inglés alucinante. La ciudad bulle y arremolina sus misterios en una verdadera mercocha de sonidos y de colores.

El paisaje rural de Ponce establece un contraste llamativo con este Times Square ponceño de los años cuarenta y cincuenta. El panorama está tomado directamente del monte Vigía que, aunque no está presente en el cuadro, se encuentra representado indirectamente. El Vigía no podía faltar en una representación de Ponce, como tampoco podía faltar la isla de Caja de Muertos, que flota como una anguila delgada sobre las aguas del Caribe.

La vista desde el Vigía es la vista de los ricos, de las familias adineradas que tienen allí sus mansiones. Desde su altura las casas de Ponce quedan reducidas a bohíos de madera, con techos a dos aguas; se trata de un villorrio idílico rodeado de cañaverales, en el cual los únicos edificios de mampostería identificables son el acueducto de Ponce y la Plaza del Mercado. El silencio y la tranquilidad son, sintomáticamente, las características del pueblo visto a la distancia. Lejos quedan el escroto gigante de Carabuco, los vejigantes alborotosos, los niños descalzos que corren gritando detrás de las máscaras. Frente a una casa montada en zancos cinco hombres apuestan a una riña de gallos. Junto a ellos una mujer preñada carga a un niño desnudo, con una expresión serena en la cara. Los hombres, como la mujer, se ven fornidos y saludables; hay en su expresión una tranquilidad vacuna, que contrasta con la intensidad de los rostros que pueblan el Ponce urbano, como si los estímulos de la urbe fuesen imprescindibles para la inspiración del arte.

El Ponce urbano se encuentra separado del Ponce cercano por el icono más poderoso de todo el cuadro: la ceiba de Cuatro Calles, el "tremendo animal" que toma la forma del cuerpo retorcido de una mujer. Se trata aquí de un misterio múltiple: la mujer sin cabeza, cuyo seno derecho muestra una herida de cuchillo profunda, recuerda inmediatamente a la mujer de *Cortaron a Elena*, la plena que podrían estar tocando los pleneros de Bumbum, que se inclinan en ese momento sobre sus tambores. ¿Qué representa ese árbol de cuyo brazo cuelga un niño que podría ser Ríos Rey, que contempla clandestinamente desde su altura la pelea de gallos, la riña proscrita por las autoridades porque fomenta el espíritu nacionalista del pueblo? Es el brazo de la mujer violada, de la mujer a la que alguien le ha sacado el corazón, la que sostiene al niño en vilo y le permite la visión prohibida del misterio, de ese pueblo que amó apasionadamente Rafael Ríos Rey.

Don Miguel Pou

Cuando lo conocí, don Miguel Pou vivía en Ponce en una casa de madera toda pintada de verde que estaba en la calle Salud, cerca de la iglesia de la Merced. Cuando fue mayor se puso muy delgado y adquirió algo de caballero andante que iba a todas partes con su caballete y su lienzo a cuestas. Era tímido y de pocas palabras, y cuando se hizo famoso las muchachas de familias bien de Ponce le pedían que les pintara un flamboyán de regalo de bodas.

Siempre me llamó la atención que pese a su popularidad a don Miguel se le criticara por lo que se consideraba su timidez experimental. Se decía que pintaba "bonito" para darle gusto a la elite y para vender sus cuadros. Que no era lo suficientemente atrevido para ser verdaderamente un gran pintor, un creador de nuevas formas. Que era hedonista porque pintaba mujeres lindas y paisajes; que sus cuadros eran estampas folclóricas que casi llegaban a ser postales turísticas, si no fuesen obras de arte.

Hoy estas críticas han sido superadas en mayor parte y a don Miguel Pou se le considera, junto con Frasquito Oller y José Campeche, uno de los tres maestros de la pintura puertorriqueña.

Don Miguel nació en 1880 y murió en 1968, y siempre afirmó que la influencia más grande en su obra fue la de los pintores impresionistas, pero sólo en cuanto al uso del color. Él mismo reconocía que su pintura se afirmaba en lo clásico y en lo tradicional. Resulta interesante examinar sus cuadros desde esta perspectiva: la del pintor que se autodenomina conservador, y que a pesar de ello logra alcanzar la universalidad en sus pinturas.

Lo extraordinario es precisamente cómo Pou logró trazar, al estilo realista y sin aparentes riesgos ni dificultades, la imagen de su patria en sus lienzos. Tomando como suya la máxima del novelista Stendhal, consideró que su deber era ser el espejo de su pueblo, sin formular grandiosos comentarios políticos ni psicológicos.

En sus cuadros, varios de ellos estampas costumbristas, se percibe una humanidad que sólo puede ser la nuestra, la puertorriqueña: la mujer de los mangós con su alegría fuerte y llena de vida; la mirada pensativa y soñadora de Ciquí, el pelotero ponceño amigo de Pancho Coímbre; la figura modesta pero a la vez llena de dignidad de la viejecita de *La promesa*; la inocencia y frescura en el rostro de la niña campesina. Esos cuadros son universales porque no pueden ser otra cosa que puertorriqueños. Donde quiera que sean expuestos en el mundo, allí serán reconocidos como tal.

Esa es la función del arte, y la de una institución como la del Museo de Arte de Ponce: ofrecerle al pueblo un espejo de lo que es, para que pueda levantar en alto la frente y no olvidar su pasado como base del futuro. En cada uno de los cuadros de don Miguel Pou hay un pedazo de nuestro corazón: las lavanderas del río, los coches de Ponce, la calle Loíza, el paisaje de Barranquitas. Estos cuadros son como ventanas por las que nos asomamos, como se asomaba don Miguel por la ventana de su estudio; y en cada uno de ellos estamos todos nosotros.

La cruz y ficción de Elizam Escobar

Entrar a los cuartos-cuadros de Elizam Escobar es como entrar a las cavernas de Platón; cada pintura es una celda que aprisiona las sombras de personajes excéntricos mezclados indiscriminadamente: bailarinas, bicicletistas, arlequines, saltimbanquis, violinistas, reinas y reyes, jueces implacables, prisioneros condenados a muerte que bailan con la horca, jugadores que juegan con cartas invisibles, obispos cuyas mitras destilan sangre, abadesas que abrazan niños, niñas entregadas a actividades que rezuman una inocencia perversa.

/ Reunidos en una oscuridad macabra, rodeados a menudo por instrumentos de tortura, lo que más llama la atención de los personajes de Escobar es la mirada que fijan en el espectador. Sus personajes nos retan, como preguntándonos nuestra razón de ser, nuestra justificación al *estar* allí. Ellos —los prisioneros— están absolutamente seguros de lo que son, mientras que nosotros —los ciudadanos libres que los observamos— no lo estamos.

Como en los cuadros de Balthus Klossowski, el pintor francés nacido en 1908, en los cuadros de Escobar la transgresión de la ley "social" es a menudo el camino hacia la libertad. En *La pugna del ser* y en *El juego de cartas*, por ejemplo, vemos a una niña que podía haber sido calcada de un cuadro de Balthus, pintando o escribiendo tranquilamente debajo de una mesa sobre la cual varios personajes juegan cartas y se emborrachan. En *El juicio de Ana Cronía* vemos a Ana Bolena, decapitada por Enrique VIII, de pie junto a Escobar vestido de Hamlet —el príncipe de la indecisión, que ha venido a salvarla—. En *El velorio*, cuatro violinistas sin arco tocan con los ojos cerrados y una sonrisa beatífica en los labios, mientras una niña duerme provocativamente sobre un sofá. En *La ficción*, los ocho jueces del Tribunal Supremo de los Estados Unidos velan el cadáver de Escobar dentro de su ataúd —como velaron los taínos el cadáver de Diego de Salcedo— para asegurarse de la muerte eterna del artista. En la serie de los bicicletistas, la libertad impulsa a Escobar por los aires como si volara en su bicicleta, mientras la horca, repetida tres y cuatro veces en cada cuadro, le aguarda implacable al fondo. Pero es en *Tiempo muerto*, acrílico sobre masonite, que el impacto de la visión de Escobar golpea con mayor fuerza al espectador. Se trata de un autorretrato, en el cual el preso lleva las agujas del reloj hincadas sobre su frente. Sus ojos nos observan con enorme tristeza mientras el tiempo rota implacable sobre su rostro. "Todos los artistas, como los presos, soñamos con la libertad", nos dice Escobar. "Somos los muertos vivos; aguardamos el momento de la resurrección."

Los lienzos de Escobar son membranas que separan el mundo de lo normal que habita el espectador, del mundo de lo anormal y de lo desviado que habitan los prisioneros retratados. Los personajes de Escobar siempre son artistas delincuentes: *"con artists"*; magos expertos en el arte del escape, como el gran Houdini; bailarines; jugadores; bebedores; violadores —y todos viven al borde de lo posible—. Tan cerca del límite viven los criminales como los enjuiciadores, las monjas como las prostitutas, los encarcelados como los celadores. Todos viven igual de intensamente sus roles en el mundo, se encuentran comprometidos con ellos hasta el final, lo que presupone la única libertad posible para el hombre moderno.

¿Cuál es el rol del visitante que se atreve a acercarse a ellos desde el mundo de afuera? ¿De qué manera anodina ha logrado escapar el inocente turista o el relajado paseante de domingo a la persecución del Estado que ha subordinado a Escobar, domándolo y sometiéndolo a la férula de su poder? ¿Por qué está Escobar dentro de la celda y el visitante fuera? Cada cuadro es un enigma sin resolver.

Transficciones, el título de la exhibición, nos ofrece una pista para intentar descifrar la pintura de Escobar. Hay aquí ecos de la "cruz y ficción" de Cristo. Como en los cuadros de Francis Bacon, pintor irlandés nacido a comienzos de siglo, la crucifixión del hombre moderno es el tema principal. Todos somos Cristo y la vida es un viacrucis; todos somos eventualmente crucificados. Pero también se trata de una transfiguración —término que implica a la vez tránsito y ficción, salvación y sublimación—. El prefijo "trans" implica pasaje a otra realidad; el radical "ficción" sugiere invención, creación de mundos alternos a través de la imaginación y del arte.

Los datos biográficos de Elizam Escobar resultan útiles para entender el significado de su obra. Ensayista, poeta, pintor, anarquista y revolucionario puertorriqueño, Escobar fue apresado junto a nueve compañeros por actividades delictivas el 4 de abril de 1980, en Evanston, Illinois, cerca de Chicago. Los arrestos se hicieron por casualidad; un vecino de la casa donde se encontraban ocultos reportó a la policía actividades sospechosas en una camioneta estacionada frente a la casa. La policía se personó en el lugar y descubrió que la camioneta se encontraba llena de armas. A los apresados se les acusó de pertenecer a las FALN —Fuerzas

Armadas de Liberación Nacional— y de conspirar ilegalmente para derrocar por la fuerza el gobierno constitucional de los Estados Unidos en Puerto Rico. Los acusados rehusaron participar en los juicios que se les celebraron, puesto que se consideraban prisioneros de guerra y no reconocían la autoridad política de los Estados Unidos sobre Puerto Rico. El juicio se les celebró en ausencia y Elizam fue sentenciado a 68 años de cárcel, en Oklahoma. Sirvió 19 años de su sentencia, y fue puesto en libertad junto con sus compañeros, gracias a una orden del presidente Clinton en 1999.

Escobar estudió artes plásticas en la Universidad de Puerto Rico (UPR) durante la década de los sesenta, aunque ya desde niño pintaba. Su "proceso" histórico resulta especialmente revelador para aquellos que atravesamos también esa época de efervescencia política y social en el campus de la UPR. "Era la época de la guerra de Vietnam, del servicio militar obligatorio, de la lucha contra la presencia del ROTC en el campus, el periodo de mayor militancia estudiantil en Puerto Rico y en el mundo", afirma Elizam en su ensayo "El poder heurístico del arte".[*] "Se me encarceló tres veces por rehusar integrarme al ejército norteamericano. Los eventos políticos y la lucha ideológica se habían posesionado de mí de una manera que el arte no había logrado hacer." Ya desde entonces su relación con los integrantes de los partidos de izquierda era conflictiva y contradictoria, sin embargo. Se siente molesto porque su trabajo artístico no se considera "un verdadero trabajo". El arte era un privilegio, según los militantes del Partido, y se le hace sentir culpable por emplear su tiempo en pintar cosas

---

[*] Elizam Escobar, "The Heuristic Power of Art", en *The Subversive Imagination, Artists, Society and Social Responsibility*, edición de Carol Becker, pp. 36-54.

que "no tenían nada que ver con la realidad ni con la necesidad", con el "verdadero mundo". Entre su compromiso político y sus obligaciones familiares, Escobar encuentra muy poco tiempo para pintar. Unos años después emigra a Nueva York, donde se hace miembro del Partido Laboral Progresista. Allí la línea del partido es aún más estricta; el realismo socialista es mandatorio para toda producción artística.

Elizam trabaja haciendo caricaturas y dibujos políticos para los órganos del Partido. Casi deja de pintar por completo. Finalmente se disgusta y se separa de la organización; comienza a trabajar por su cuenta con Mauricio Pretto, pintor puertorriqueño también residente en Nueva York, con quien logra establecer una galería de arte y un taller en un edificio abandonado de la Calle 96 y Columbus Avenue. Pero su envolvimiento con la lucha clandestina por la liberación continúa a través de los setenta, y finalmente cae preso en la redada de Evanston, Illinois. No es hasta que es apresado que logra, irónicamente, liberarse de la tiranía de la política, y que se enfrenta a la condición humana en términos universales: en el mundo moderno ningún hombre es verdaderamente libre; todos estamos presos de nuestras circunstancias. Dice Escobar:

El arte es una lucha a muerte contra la muerte, contra el olvido. La imaginación tiene que hervir para sobreponerse a los obstáculos del mundo moderno. El lenguaje del arte no está al servicio de un "deber", ni tampoco al servicio del "deseo". En eso creo entender medularmente el deseo de vivir el límite como lenguaje o metalenguaje de libertad, de un lenguaje liberador. El arte es la mayor fuerza afirmadora de la vida. Y la vida es, como sabemos, problemática, impredecible, *voluntariosa*. Pero el arte es la actividad sagrada de la libertad.

En el mundo de Escobar el revés y el derecho, el adentro y el afuera a menudo se confunden, y la prisión, con su brutal sistema de represión, viene a ser una metáfora del mundo moderno. Escobar coincide con Foucault en que el cuerpo del ciudadano pertenece al Estado, y es el objeto de su deseo. Por eso el Estado desnuda a sus prisioneros, escruta todos los orificios de su cuerpo, controla sus deseos sexuales, amenaza constantemente a aquellos que se atreven a comunicarse entre sí por medio de la amistad, de las fantasías eróticas o del arte. La soledad, la incomunicación, el espacio vivencial cada vez más limitado, la falta de privacidad y la persecución constante son también situaciones comunes del ciudadano moderno, que se encuentra tan preso como Escobar en el mundo exterior. La lucha contra el tiempo y la eterna espera de una libertad siempre diferida nos toca a todos, pero es la responsabilidad del artista. Esto es lo que Escobar le devela al espectador, al ciudadano común y corriente que se expone a ser observado por los personajes de sus cuadros.

Borges, el héroe ciego

Conocí a Jorge Luis Borges en junio de 1981, cuando fue invitado a recibir un doctorado *honoris causa* en el teatro de la Universidad de Puerto Rico, en Río Piedras. A los 82 años estaba frágil y casi completamente ciego. Vestido con un traje gris impecable, entró al escenario del brazo de un profesor, y se sentó frente a una mesa cubierta por un mantel de fieltro rojo, con una sola rosa, también roja, en un florero a su lado. El maestro se encontraba solo; María Kodama no se encontraba con él en esa ocasión y el auditorio estaba de bote en bote —cada una de las dos mil sillas estaba ocupada, había profesores y estudiantes sentados en el suelo de todos los pasillos—, y pensé en lo aterrador que debería ser sentirse observado por cuatro mil ojos desde la oscuridad circundante.

El profesor leyó en voz alta varios poemas de Borges y luego le pidió al maestro que los comentara. Borges habló con deliberada lentitud. "Un poema y un sueño se asemejan tanto", dijo, "que a veces es imposible diferenciarlos." Quizá por eso se veía a sí mismo como un tejedor de sueños más que como un escritor. Los sueños no tienen comienzo ni fin y son siempre anónimos, y con la literatura sucedía igual. El nombre del autor de una obra literaria es inconsecuente —lo que importa es el texto, que permanece cuando ya somos polvo.

Terminada su exposición, los estudiantes comenzaron a levantar la mano para hacerle preguntas. Un joven que no tendría más de 18 años se acercó al micrófono, colocado en medio de la platea para el uso de los estudiantes. Como Borges estaba ya muy anciano y pronto pasaría a mejor vida, comentó, ¿le importaría decirles cómo se sentía estar a las puertas de la muerte? ¿Cuáles eran las respuestas que se vislumbraban desde esa perspectiva? ¿La ceguera le había dado una comprensión más profunda de los misterios de la vida?

Hubo una exclamación general del público, seguido por un silencio medroso. Todos temían que el maestro se sintiera insultado.

Borges se quedó pensando unos minutos y, en lugar de mostrarse irritado por la pregunta, la contestó con paciencia y haciendo gala de unos modales exquisitos. La ancianidad, dijo con una sonrisa beatífica, podía ser, en ciertos casos, "el tiempo de nuestra dicha". El animal en nosotros casi ha muerto y sólo nos queda nuestra humanidad, nuestra alma. Y la ceguera, dijo mirando a su alrededor como desafiando el vacío, podía llegar a ser una purificación. Nos liberaba del mundo material, que estaba siempre tratando de atraparnos. Era un lento y no desagradable regreso a nuestros comienzos —a los primeros libros que leímos, a las primeras palabras de amor que escuchamos—. Pero, sobre todo, como se requería una gran fortaleza de espíritu para seguir viviendo después de haberse quedado ciego, le devolvía a uno la memoria de los antepasados —de aquellos que se enfrentaron a la oscuridad, al frío, al hambre, a todos los peligros del mundo sin las ventajas de la civilización moderna.

Esa tarde cientos de estudiantes abandonaron el paraninfo de la Universidad llenos de inspiración. Se sentían mejores personas, más valientes y generosos gracias a las hermosas palabras de Borges sobre como él había confrontado la tragedia de su ceguera.

Al día siguiente yo debía recoger a Borges y a María Kodama en el Hotel Hilton para llevarlos al Ateneo, en el Viejo San Juan. Allí Borges dictaría una conferencia sobre Schopenhauer. La pareja se sentó en el asiento trasero y yo conducía el auto. Durante el trayecto María Kodama, vestida toda de negro, permaneció muy cerca de Borges, tomada de su brazo, susurrándole suavemente al oído. Fue describiendo en detalle todo lo que podía verse desde el auto: la espuma estallando sobre los rompeolas al pie de las murallas de la antigua ciudad; los techos de cartón embreado del arrabal de La Perla, que brillaban al sol como un laberinto de grafito; el domo del Capitolio que se elevaba bajo las almenas del Castillo de San Cristóbal como un merengue de mármol; las docenas de gatos sarnosos que se asoleaban tendidos sobre la grama en la colina opuesta. Borges, atento a todo, miraba frente a él con una sonrisa ávida en los labios, recogiendo el sonido de cada palabra de su compañera mezclado al rumor de las olas que rompían cercanas. Esa tarde María Kodama fue, literalmente, los ojos de Jorge Luis Borges.

La conferencia de Borges en el Ateneo, un poco más tarde, fue una apología devastadora del suicidio. Habló largo y tendido sobre la tragedia del ser humano contemporáneo en general y de su visión pesimista del mundo. La individualidad, afirmó Borges, no es más que una ilusión. El dolor y el placer, el bien y el mal son las dos caras de una sola voluntad: la de seguir viviendo. En ese contexto era lícito razonar que el verdugo y la víctima eran inseparables, que el traidor y el héroe eran una sola persona, como él trató de demostrar en una de sus historias más famosas.

Me quedé pasmada escuchándolo; todavía tenía grabadas claramente en la memoria las palabras que Borges había pronunciado el día anterior. Finalmente no pude más y me puse de pie para dirigirle una pregunta. "Ayer, en el teatro de la Universidad", le dije, "usted habló emotivamente de cómo un verdadero hombre acepta siempre sin protesta su destino. Por ejemplo, cuando Dios lo dejó ciego, y usted aceptó su ceguera como un privilegio, que le añadió una dimensión más profunda a su escritura. ¿Cómo puede usted reconciliar la creencia en un universo donde el heroísmo individual es imposible, con el concepto de que sólo el valor personal puede salvar al hombre de la tragedia?"

Borges giró lentamente la cabeza en dirección de mi voz. "La ceguera es la gran tragedia de mi vida", dijo con una profunda amargura, clavando en mí sus ojos ciegos. "Le aseguro que no hay heroísmo alguno en ella. Sólo sufrimiento." Abochornada por mi pregunta, me sonrojé profundamente y me senté de nuevo en la silla.

Para Borges la figura del héroe no era más que una creación literaria, una ficción de la imaginación. Y él quería que lo recordaran, no como un héroe ciego, sino como un hombre que había sido capaz de experimentar el sufrimiento más profundo y la felicidad más intensa.

Octavio Paz, *in memoriam*

Con Octavio Paz se extingue una de las mentes verdaderamente universales del siglo XX. Resulta improbable que Paz, poseedor de un conocimiento y de una erudición verdaderamente enciclopédicos, regrese al mundo gracias a una reencarnación en el siglo XXI. En el futuro que nos aguarda, el pensamiento humano se hará cada vez más fragmentado y especializado, y la sabiduría universal, destilada por el crisol de un genio poético como el de Octavio Paz, será un milagro irrepetible.

La energía inextinguible de Paz lo llevó a sumergirse, durante los casi setenta años de su vida adulta, en las corrientes principales del pensamiento de su tiempo. Fue amigo de André Breton en París y participó del movimiento surrealista, que ambos trajeron a América durante los años treinta; se hizo amigo del Neruda comunista y simpatizó con la causa republicana durante la Guerra Civil española; más tarde se hizo conservador y apoyó el pacto de libre comercio entre los Estados Unidos, México y Canadá. No le parecía sabio darle la espalda a la modernidad, aunque describió en una ocasión el progreso tecnológico al que estaba condenado el mundo como un "infierno con aire acondicionado". Criticaba igual de acerbamente a la sociedad de consumo capitalista y a la bolsa de valores, que era "ciega y sorda a los *verdaderos* valores humanos, y despreciaba el mundo de las ideas". Pero lo que más me impresionó siempre de Paz fue su empecinado intento de fundir los extremos de la realidad gracias al milagro de la palabra: la herencia española y la azteca, la europea y la oriental, la cristiana y la budista, tan disímiles y hasta opuestas entre sí, se fundían en sus poemas en una sola conciencia del ser, profundamente hermosa y apasionada.

En 1972 viví en México y tuve la oportunidad de visitar personalmente a Octavio Paz. Todavía estaba fresca la herida del 68, cuando ocurrió la sangrienta matanza de la Plaza de Tlatelolco, en la que murieron asesinados cientos de obreros y estudiantes. Paz vivía en un pequeño departamento detrás del Hotel María Cristina, en el centro de la ciudad, y me impresionó la sobriedad de la decoración del mismo, las paredes adornadas con mantras de la India y forradas de libros. Me acompañaba en aquella ocasión un escritor mexicano amigo mío, que escribía por aquel entonces un libro criticando acerbamente la renuencia de Paz a denunciar en sus poemas los violentos actos de represión del gobierno, aunque el poeta acababa de renunciar a su puesto de embajador de México en la India, en protesta por los sangrientos hechos de Tlatelolco. En sus poemas, sin embargo, Paz guardaba silencio sobre todo aquello. Su actitud neutra fue tildada inmediatamente de estetizante y "reaccionaria" por la izquierda mexicana.

Mi amigo le había pedido al "maestro" una entrevista para incursionar en aquellos temas escabrosos. Lejos de negársela, Paz lo recibió con suma cordialidad, y nos sentamos por unos momentos a conversar en su sala. Nunca lo había visto en persona y me impresionaron sus ojos, profundamente azules y rasgados, que miraban desde el fondo de un rostro moreno que tenía mucho de azteca. Comprendí que en su persona Paz encarnaba lo que expresaban sus poemas: el otro no está afuera sino adentro de nosotros mismos; la sangre de sus antepasados españoles y la de sus antepasados indígenas se habían fundido, y él era prueba de ello.

"Miles de personas han sido asesinadas, maestro. ¿Cómo puede usted guardar silencio en sus poemas, siendo el máximo poeta de México?", le disparó a bocajarro mi amigo. La desilusión estaba patente en su voz, en su mirada de pedernal rasgado, tan mexicana como la de su "maestro". "Mis poemas", respondió Paz sin alterarse, "son el testimonio de la unidad del hombre con el mundo; un intento de devolverle al ser humano su inocencia original. Mi poesía no intenta ser ni política ni apolítica, justa ni injusta, falsa ni verdadera. Lo que mi poesía procura es, mediante la palabra, hacer sagrado el mundo, consagrar la experiencia de los hombres." La experiencia poética, como la amorosa, dijo, abría las puertas a un instante eléctrico y eterno. Por eso, en sus versos no emprendía la denuncia de los que habían ordenado la matanza de Tlatelolco. "Las ideologías no existen; así como tampoco existe la muerte, por violenta que haya sido la de las víctimas recientes", dijo. "La muerte no es sino la fase de un ciclo infinito: vida, muerte y resurrección son estados de un proceso cósmico, que se repite insaciable. Lo único que de veras existe es el acto creador: la poesía, la música, la pintura, el arte que sublima la realidad y la diviniza." Mi amigo tomó minuciosamente nota de sus palabras, que más tarde fueron a apoyar en su libro la tesis de que Octavio Paz se había convertido en un burgués repugnante y reaccionario.

La matanza de Tlatelolco fue un suceso terrible, cuya memoria arde todavía en las mentes de los mexicanos que sufrieron una feroz ola de represión durante los años setenta. Del libro de mi amigo, sin embargo, publicado poco después, hoy nadie se acuerda; lo ha borrado el polvo del tiempo. La muerte de Paz, al final de los noventa y cercana al cierre del siglo, coincide con la muerte de las ideologías a las que certeramente dio tan poca importancia en sus poemas.

Don Enrique: más allá del Nobel

El camino de don Enrique Laguerre ha sido largo: comenzó identificándose con la generación del 30 y pertenece sin duda al grupo de escritores que nacieron entre 1895 y 1910, entre quienes se encontraban Tomás Blanco, Emilio S. Belaval, Alfredo Collado Martell y Antonio S. Pedreira. También formaron parte de esa generación, fundamental en la historia de nuestras letras, los novelistas latinoamericanos de la tierra, como Rómulo Gallegos, José Eustasio Rivera y Ricardo Güiraldes. Pedreira fue el primero en señalar la relación entre *La llamarada* y este tipo de novela, y la llamó hermana de *La vorágine*, de *Doña Bárbara* y de *Don Segundo Sombra*. Pero Laguerre no se quedó ahí, sino que también formó parte de la generación del 50, y compartió sus preocupaciones con los temas del exilio y de la lucha por la supervivencia en Nueva York. Lo extraordinario de Laguerre ha sido su capacidad de transformación, su plasticidad al adaptarse a esas formas literarias que le han permitido dar un testimonio largo y complejo de su pueblo.

Como maestro, profesión que comenzó a ejercer en su juventud, Laguerre ejerció durante 64 años, hasta su retiro en 1988. Como periodista, quehacer que ha ejercido a lo largo de su vida, publica todos los martes en el periódico *El Mundo* una página de "Comentarios". Éstos constituyen —quizá por estar escritos a los 96 años por alguien que habita entre tinieblas— lo más valioso de su labor periodística.

Laguerre publicó *La llamarada*, su primera novela, en 1935. Ha publicado hasta el presente 14 novelas, y la decimoquinta —*Contrapunto de soledades*— se encuentra a punto de salir publicada por la Fundación Enrique Laguerre. Hace 64 años que escribe novelas, pero de esta profesión no podrá retirarse nunca. Las seguirá escribiendo mientras tenga vida, porque si don Quijote fue don Quijote por ser un caballero andante incansable, don Enrique es don Enrique porque es un novelista incansable.

En esta última década del siglo XX en que todo se despersonaliza, en que nos comunicamos con nuestros amigos y seres queridos casi siempre a través de aparatos —sea el teléfono, el móvil o la pantalla del Internet—, hablarle a la persona física resulta casi vergonzante. A mí me ha pasado esto con don Enrique. Lo he llamado muchas veces por teléfono, cuando en realidad hubiese querido reunirme con él y hablar de literatura. He escrito bastante sobre él, cuando en realidad me hubiese gustado discutir personalmente sus novelas, entrar a ellas —a esos mundos que habitan mi mente gracias a su pluma: el verde y rumoroso de *Solar Montoya*, el ardiente de *La llamarada*— tomada de su mano y escuchando sus explicaciones y las interesantes referencias que haría sobre los muchos personajes que las habitan. Supongo que esto nunca sucederá y que tendré que resignarme a guardarlas en mi mente como joyas que, de tanto en tanto, saco y contemplo a solas, intentando descifrar sus misterios por mi cuenta.

Sin embargo, quisiera hablar aquí del don Enrique de carne y hueso, no de sus logros intelectuales. En los casos como los de don Enrique, cuyo talento su país ha reconocido en vida, lo público resulta de fácil acceso.

Hoy existe la Fundación Enrique Laguerre, cuyas instalaciones se encuentran en la hermosa Casa Moreau, entre Aguadilla y Moca. Allí se alberga su biblioteca. Hay docenas de libros, cientos de artículos literarios y periodísticos, muchos de ellos recientes a causa de la nominación al Premio Nobel de Literatura el año 1999, —que le fue otorgado al escritor alemán Günter Grass—. El Premio Nobel no se otorga por la obra de un individuo, sino por una vida entera dedicada a una causa —científica, artística, humanística— que contribuye a mejorar el destino de la humanidad. Aunque me consta que *El tambor de hojalata* es una excelente novela, no conozco personalmente a Günter Grass. Pero conozco muy bien a don Enrique.

Con el paso de los años uno aprende que, de las cosas que nos van quedando, el conocimiento y la amistad son algunas de las más valiosas. Y don Enrique ha sido, desde que lo escuché por primera vez dar conferencias en la clase de Novela Brasileña, en la Universidad de Puerto Rico hace treinta años, primero un excelente maestro, y segundo un verdadero amigo. Recuerdo que, desde el primer día que lo vi, me impresionaron sus manos, pequeñas y delicadas, que me hubiese gustado dibujar. También me impresionó su rostro, de pómulos anchos y cetrinos —color del campo, como hubiera dicho mi abuela—, sobre los cuales reposaban unos anteojos gruesos como ojos de búho, que lo miraban todo con expresión de asombro.

Un buen maestro despierta en el estudiante una curiosidad auténtica sobre los temas que toca, y don Enrique tenía esa cualidad. Nos azuzaba a pensar, nos inquietaba, develando poco a poco los matices de la obra de aquellos escritores —Graciliano Ramos, Machado de Assis, Guimaraes Rosa— como quien ofrece esas golosinas adictivas como los tostones de panapén o los zurullitos de maíz con las que, consumidas antes de almorzar, nos pimpamos la barriga y nos dañamos sin remedio el apetito para lo que falta. Finalmente nos dábamos cuenta, luego de escucharlo hablar por 45 minutos sin parar, de que aquel aperitivo *era* la cena.

Siempre que iba a la clase de don Enrique —y muchos años después, cuando lo escuché hablar en la Junta de Directores del Instituto de Cultura— salía aprendiendo algo. Y no fue siempre de literatura. Aprendí que el que piensa bien de los demás desarma a su enemigo, y que cuando no lo desarma es porque no es sólo enemigo suyo, sino también de la humanidad. Aprendí que el humor, en un corazón puro, es un arma casi invencible, que rinde al contrincante más fiero. Que el respeto y el amor hacia nuestros familiares y nuestros iguales son actos de piedad, pero el respeto y el amor hacia los que tienen menos que nosotros es un deber sagrado.

Como Günter Grass, don Enrique ha dedicado su vida a darnos el revés de la historia de nuestro siglo, y nos lo ha dejado recogido cuidadosamente en sus novelas. Los novelistas somos seres secundarios y lo sabemos; si fuésemos seres primarios, si detentáramos el poder y pudiésemos cambiar el curso de la historia, no podríamos dar testimonio de lo que los poderosos trataron de ocultar al escribirla. Pero la humildad, aunque necesaria, no es suficiente. La obra novelística de don Enrique no sería tan importante si su mirada fuese una mirada prejuiciada, aferrada a dogmas, egoísta o temerosa. Su obra es importante para nosotros, no sólo por su valor literario y artístico, sino porque es el cristal por el cual se refleja la calidad transparente de su alma. En mi opinión, merecía también el Premio Nobel.

La tiranía de la carne

Cuando vivía en Río Piedras, recuerdo a Vargas Llosa obsesionado por las historias de "chapita", por los desmanes a la vez terribles y exuberantes de un dictador que, en el juego de copas venecianas que empleaba en su casa, ordenó que se pintaran las cabezas de sus vacas preferidas, y bajo cuyas órdenes el Padre Nuestro se rezaba diciendo: "Padre Trujillo que estás en los cielos, santificado sea tu nombre", mientras sus enemigos eran arrojados a los tiburones desde lo alto de los acantilados.

Vargas Llosa vivió dos años en Puerto Rico, de 1968 a 1969, y en su obra se percibe claramente el cariño que le tiene a los caribeños. Creo que esa simpatía que siente por los antillanos, así como el ser un escritor de larga tradición antimilitarista (*La ciudad y los perros, Conversación en La Catedral, Pantaleón y las visitadoras*), tuvo mucho que ver con que escogiera el tema de Trujillo, o más bien, con que el tema de Trujillo lo escogiera a él —como Mario suele decir.

Puerto Rico ha tenido siempre una relación cercana a Quisqueya, que se remonta a los años en que ambas islas eran dominio del imperio Taíno, y en la época moderna gracias al comercio y al tráfico de inmigrantes. Son muchas las familias puertorriqueñas que cuentan entre sus familiares parientes dominicanos. Durante la era de Trujillo muchos dominicanos se refugiaron en Puerto Rico, entre ellos Antonio Imbert, uno de los conjurados martirizados, quien vivió en Ponce. La fama de Trujillo resonaba claramente en nuestra isla durante los años de su apogeo. Trujillo venía a Puerto Rico a comprar sus caballos de paso fino y cuentan que en una ocasión le hizo un cheque en blanco a don Genaro Cautiño para que pusiera la cantidad que quería por el campeón *Dulce Sueño*, y Cautiño lo rasgó en dos afirmando que *Dulce Sueño* no tenía precio. Todavía hoy los efectos nefastos de la tiranía de Trujillo, ya no tan truculentos pero aún veladamente presentes, hacen naufragar ante nuestras costas cientos de inmigrantes dominicanos que cruzan en yola el Canal de la Mona en busca de un mejor futuro.

Furibundo enemigo de las dictaduras en sus novelas, en el salón de clases Vargas Llosa era un dictador implacable. La literatura era para él un deber sagrado, que ordenaba y legislaba su vida y la de sus discípulos. En sus clases de "Técnica de la novela" lo llamábamos secretamente *El Prusiano*, porque sus trabajos exigían una disciplina férrea, y los que asistíamos a sus seminarios acabábamos al final de la jornada agotados, como si hubiésemos estado marchando bajo el mando de Aguirre durante horas.

El trujillato, o sea los treinta años que anteceden al asesinato de Trujillo, ha tenido innumerables exégetas, tanto periodistas heroicos del calibre de Jesús de Galindez, como novelistas hábiles. Escrito en 1956 como tesis doctoral para la Universidad de Columbia, el libro de Galindez, *La era de Trujillo*, le costó la vida a su autor, asesinado en un *subway* de Nueva York por los caliés de Trujillo. El libro fue publicado póstumamente, y se convirtió inmediatamente en un *best seller*. En Puerto Rico, don Enrique Laguerre, siempre adelantado para su tiempo, describió la dictadura de Trujillo en su novela *El laberinto*, publicada en 1959. Afortunadamente resultó ileso del evento. De más reciente factura están, entre muchas otras, las interesantes novelas de dos escritoras jóvenes, la dominicana Julia Álvarez y la haitiana Edwige Danticat, ambas residentes en los Estados Unidos. Julia Álvarez (*En el tiempo de las mariposas*) describe un hecho truculento recogido también en el famoso poema de don Pedro Mir, el asesinato de las hermanas Mirabal por los agentes de Trujillo; suceso que hasta cierto punto detonó el ajusticiamiento del tirano. *The Farming of Bones*, de Edwige Danticat, trata de la matanza de 20 mil haitianos, radicados ilegalmente en Santo Domingo, que ordenó El Benefactor de la Patria en 1937, la matanza de Dajabón a la cual se refiere también Vargas Llosa en su novela, y cuya versión resulta fascinante comparar con la que tienen los haitianos del mismo suceso.

El periodo que sigue al asesinato de Trujillo, o sea los veinte años después de 1961, ha tenido también sus exégetas, como por ejemplo el dominicano Pedro Vergés, autor de *Sólo cenizas hallarás*. El cuadro de un pueblo destrozado por dentro, denigrado más allá de lo imaginable resulta el complemento perfecto de *La Fiesta del Chivo*. Vargas Llosa novela el momento culminante de la fiesta demoniaca: la era de Trujillo en plena llama, la pústula gigante a punto de explotar, el ápice del poder demoniaco de Moloch, el Chivo sentado sobre su trono. Pedro Vergés nos da las cenizas luego de consumido el infierno.

La Fiesta del Chivo no es únicamente una novela histórico-política, es también un estudio psicológico de las profundidades de la maldad a las que puede llegar el ser humano y, en específico, el hombre latinoamericano. La historia de América Latina está plagada de dictaduras —Stroessner, Rosas, Perón, Pinochet, Pérez

Jiménez, etcétera—. Hoy celebramos la caída de uno de ellos, relacionado con la vida del autor: el presidente Fujimori, su opositor en las elecciones presidenciales de Perú, anunció su retiro luego de un escándalo de inusitadas proporciones. Se vio forzado a desactivar el Servicio de Inteligencia Nacional, dirigido por Vladimir Montesinos, el Abbes García de Perú, luego de que se presentara un video donde se demuestra que Montesinos sobornaba a innumerables parlamentarios. La venganza es dulce, sin duda, y aun más cuando no se ha tenido que levantar un dedo para llevarla a cabo, sólo dejar que la historia suceda. "Siéntate a la orilla del camino y verás a tu enemigo pasar", como dice el pueblo.

En las Antillas, la tiranía está siempre latente y todos la tememos. Batista, Papá Doc, Trujillo, Castro; cada una de nuestras islas ha tenido su tiranosádico, con la excepción de Puerto Rico. Pero la dictadura de Trujillo se distingue por su carácter de experiencia límite, por la práctica del poder a través de un machismo sádico que le sirve al Benefactor de instrumento para someter a sus víctimas. De ahí el origen del título, *La Fiesta del Chivo*: la orgía del macho cabrío, del Gran Fornicador. A diferencia de Hitler, para quien la pasión carnicera no le daba tiempo para la pasión carnal, Trujillo se ensaña como zopilote en la carne de sus víctimas.

Urania, la narradora de muchos de los capítulos de la novela, cuenta cómo los padres competían entre sí, ofreciendo a sus hijas al Benefactor, para que las escogiera. Ser desvirgada por el Benefactor era un privilegio, una distinción que había que agradecer. En otros casos, como el de Cerebrito Cabral, la hija era un regalo conciliatorio para aplacar la ira del tirano, cuando el padre caía en desgracia. De igual manera, los ministros permitían la seducción anuente de sus esposas para lograr mayores dádivas.

Y esta situación no se limitaba al trato de las personas cercanas a Trujillo, sino que todos los hombres de la familia se distinguían por la desfachatez con la que pasaban a sus víctimas por la verga. El general Petán, hermano del dictador, se tiraba a todas las artistas dominicanas que llegaban a cantar por La Voz Dominicana y estaban obligadas a acostarse con él. El bello general Ramfis, junto con su amigo Porfirio Rubirosa, seducía a las adolescentes de buena familia de la capital que aún no habían sido desfloradas por su padre.

La situación no se limitaba al estupro consuetudinario de la población femenina; también entre los hombres las relaciones a menudo se manejaban con base en un erotismo solapado, de carácter homosexual. "A Trujillo le divertía", dice el autor, "poner a sus ministros y generales a competir por sus favores. Era un juego exquisito y secreto que podía permitirse, advertir las sutiles maniobras, las estocadas sigilosas, las intrigas florentinas que se fraguaban uno contra otro... Virgilio Álvarez Pina y Paino Chardo, Joaquín Balaguer y Fello Bonnell, etcétera... compitiendo para adelantarse, estar más cerca y merecer mayor atención, oídos y bromas del Jefe. 'Como las hembras del harén para ser las favoritas', pensó Trujillo."

Admirador de Michel Foucault y de Georges Bataille, la relación entre el sadismo y la tiranía, entre el despotismo y la crueldad han sido siempre temas de gran interés para Vargas Llosa. *Conversación en la Catedral*, que trata sobre la dictadura de Odría en Perú, abunda en la descripción de los atropellos cometidos por Cayo Bermúdez, el jefe de la policía secreta. La denuncia de la corrupción alimentada por un erotismo sádico-religioso está presente en *La guerra del fin del mundo*. Pero éstas son tiranías impuestas a fuego y sangre sobre poblaciones que luchan por librarse de ellas.

La trágica entrega de todo un pueblo, durante treinta años, a los poderes del demonio es el fenómeno extraordinario que se propuso novelar Vargas Llosa en esta nueva obra.

En *La Fiesta del Chivo*, el sadismo deja de ser una teoría desarrollada en los libros escritos por distantes filósofos europeos y se convierte en práctica consuetudinaria. Vargas Llosa nos da, a través de la conciencia torturada de la abogada Urania Cabral, el cuadro de una sociedad que se ha entregado —por miedo o abulia en el caso del pueblo; por interés, egoísmo y, quizá, por el placer sadomasoquista que engendra el rendirse a la tiranía misma, en el caso de la clase media y la burguesía, que es la gente más cercana a Trujillo.

En medio de la fiesta del Chivo hay un solo personaje intocado por la locura de la carne: el presidente beato, que vive con sus hermanas en la Maxio Gómez contigua a la nunciatura. Es precisamente por eso que Balaguer llega a ser finalmente el heredero de Trujillo, el único que se le enfrenta con éxito. Al presidente fantoche no es posible someterlo porque es un ser asexual, que se escurre como una sombra silenciosa por los pasillos del palacio presidencial. Atabacado y aindiado, es la antítesis del cachetudo y sanguíneo Trujillo, quien no encuentra nunca por dónde cogerlo.

En la novela, el acuerdo que Balaguer logra con la iglesia y el Vaticano en 1954, que resultó en un enorme espaldarazo para Trujillo, lo hace quedar en deuda con él. Pío XII condecora al Benefactor con la Gran Cruz de la Orden Papal de San Gregorio, y Trujillo nombra a Balaguer como su presidente. "Desde que conocí a su excelencia, aquella mañana de abril 30, dice Balaguer, mi único vicio ha sido servirle... Eso ha enriquecido mi vida, más de lo que hubiera podido hacerlo ninguna mujer, dinero o poder. Nunca tendré palabras para agradecer a Su Excelencia que me haya permitido trabajar a su lado." Poco después de asesinado Trujillo, es Balaguer quien pronunciará cínicamente un discurso en las Naciones Unidas condenando la dictadura de Trujillo y prometiendo una democratización dentro del orden.

¿A qué se debe la violencia política de nuestro continente, violencia que se proyecta a Santo Domingo y demás países, más o menos veladamente? Cada escritor latinoamericano tiene una respuesta distinta, pero su origen permanece un misterio. La relación entre la violencia y el erotismo es un aspecto importante del carácter latinoamericano, algo que posiblemente heredamos de nuestros ancestros españoles, muchos de ellos delincuentes y presos que vinieron a conquistar América.

Por otro lado, tenemos la tradición de la honra española, y también la de su contrario: la deshonra. El español hijo dalgo de Lope de Vega es, en este sentido, un antecedente innegable de Vargas Llosa: cuando el español llega a América no está supuesto a trabajar sino a mandar, y el espejo de su honra es su mujer. *La Fiesta del Chivo* se remonta en este aspecto al drama *Fuenteovejuna*: la historia del comendador que ha vejado a Laurencia en la noche de bodas, y que al final es ajusticiado por el pueblo.

Pero aquí termina el paralelismo, porque si en *Fuenteovejuna* todos a una, los verdugos cumplen con su deber y permanecen en libertad, en *La fiesta del Chivo* todos los conjurados, salvo uno, perecen.

Luego del asesinato de Trujillo, la novela se transforma en un rápido descenso a las profundidades del infierno. Los sobrevivientes son torturados durante tres meses, recibiendo descargas eléctricas, latigazos, quemaduras, agujas en las orejas y en las uñas. A menudo es el general Ramfis Trujillo en persona quien les administra el martirio, como vengador oficial de su padre. El monstruo de la violencia no suelta a sus presas fácilmente. En una escena digna del romance español que narra cómo el califa de Granada le sirve la carne de sus hijos a los cristianos en un banquete, Ramfis le envía a Miguel Ángel Báez Díaz, uno de los ajusticiadores, los pedazos de carne guisada de su propio hijo; Báez Díaz muere de un infarto.

La Fiesta del Chivo se destaca entre las demás novelas de Vargas Llosa por la intensidad del horror, por el escalamiento del sadismo descrito. Como dice el proverbio chino, una imagen puede más que mil palabras, y el cuadro final de un Trujillo impotente desvirgando a Uranita con el dedo es de una truculencia feroz. El lector no la olvidará jamás: Uranita es símbolo de Santo Domingo, la isla niña, la segunda de las tres Antillas. La novela es un alegato sobre la necesidad del tiranicidio.

Y ahora me gustaría preguntarle al autor: ¿fue éste el propósito que lo llevó a escribir la novela de Trujillo, o fueron los fantasmas de las víctimas del Chivo los que lo escogieron a él para que contara su historia?

A la sombra de tu nombre terminó de imprimirse en enero de 2001, en Litográfica Ingramex, S.A. de C.V. Centeno 162, Col. Granjas Esmeralda, C.P. 09810, México, D.F. Composición tipográfica: Angélica Alva Robledo. Corrección: Aristeo Vera y Rafael Serrano. Cuidado de la edición: César Gutiérrez y Rosario Ferré.